Ingo Juchler

1968 IN BERLIN

SCHAUPLÄTZE DER REVOLTE

berlin edition im
be.bra verlag

Bibliografische Information der Deutschen Nationalbibliothek
Die Deutsche Nationalbibliothek verzeichnet diese Publikation
in der Deutschen Nationalbibliografie; detaillierte bibliografische
Daten sind im Internet über http://dnb.d-nb.de abrufbar.

© berlin edition im be.bra verlag GmbH
Berlin-Brandenburg, 2017
KulturBrauerei Haus 2
Schönhauser Allee 37, 10435 Berlin
post@bebraverlag.de
Lektorat: Matthias Zimmermann, Berlin
Satz: typegerecht, Berlin
Schrift: Milo Serif 10/14 pt
Druck und Bindung: Finidr, Český Těšín
ISBN 978-3-8148-0230-5

www.bebraverlag.de

INHALT

9 **Einführung**

28 **»Verhandlungen mit der FNL!«**
Amerika Haus

30 **»Wann brennen die Berliner Kaufhäuser?«**
Kommune I

32 **»Welcome to Berlin Mr. Dictator«**
Rathaus Schöneberg

34 **Die Erschießung von Benno Ohnesorg**
Deutsche Oper

36 **»Das Problem der Gewalt in der Opposition«**
Audimax der FU Berlin

38 **Che Guevara auf dem Ku'damm**
Kurfürstendamm

40 **Kritische Universität**
Clubhaus der FU Berlin

42 **»Wenn's der Wahrheitsfindung dient«**
Kriminalgericht Moabit

44 **Aktionsrat zur Befreiung der Frauen**
Republikanischer Club

46 **Kinderläden und antiautoritäre Erziehung**
Charlottenburger Kinderladen

48 **»Herstellung eines Molotow-Cocktails«**
Audimax der TU Berlin

50 **»Für den Sieg der vietnamesischen Revolution«**
Audimax der TU Berlin

52 **Das Attentat auf Rudi Dutschke**
SDS-Zentrum am Kurfürstendamm

54 **»Springer – Mörder!«**
Springer-Hochhaus

56 **»Drei Kugeln auf Rudi Dutschke«**
Wohnung von Wolf Biermann

58 **»Rosa-Luxemburg-Institut«**
Germanisches Seminar der FU Berlin

60 **Protest gegen die Niederschlagung des »Prager Frühlings«**
Tschechoslowakische Militärmission

62 **»Dubček!«**
Staatsbibliothek

64 **»Hände weg vom roten Prag!«**
Ministerium für Staatssicherheit

66 **»Hoch Dubček«**
Wohnung der Eltern von Bettina Wegner

68 **»Waffen für das revolutionäre Vietnam«**
Kommune 1 Ost

70 **»Es lebe das rote Prag!«**
Wohnung von Ingeborg Hunzinger

72 **»Schweigedemonstration«**
Sowjetische Botschaft

74 **Die Schlacht am Tegeler Weg**
Landgericht Berlin

76 **»Nazi, Nazi, Nazi!«**
Eine Ohrfeige für den Bundeskanzler – Kongresshalle

78 **Zentralrat der umherschweifenden Haschrebellen**
Wieland-Kommune

80 **»Shalom & Napalm«**
Tupamaros West-Berlin

82 **Befreiung von Andreas Baader**
Bibliothek des Deutschen Zentralinstituts für soziale Fragen

84 **Übersichtskarte**

89 **Interview mit Toni Krahl**
14. Juni 2017 im Schwarzen Café, Charlottenburg

97 **Interview mit Knut Nevermann**
22. Juni 2017 im Wohncafé Zimt & Zucker, Wilmersdorf

106 **Bildnachweis**

107 **Abkürzungen**

108 **Literatur**

110 **Der Autor**

110 **Danksagung**

111 **Personenregister**

EINFÜHRUNG

Das Jahr 1968 steht heute als Chiffre für die Revolte einer jungen Generation gegen die etablierte Ordnung. Für die Protestbewegung in der Bundesrepublik waren die Ereignisse im damaligen West-Berlin von beispielgebender Bedeutung: Unter den spezifischen Bedingungen der »Frontstadt« des Kalten Krieges entwickelte sich hier ab Mitte der 1960er-Jahre an der Freien Universität (FU) sowie an der Technischen Universität (TU) eine studentische Protestbewegung, die von einer breiten Außerparlamentarischen Opposition (APO) flankiert wurde.

Diese Entwicklung stand jedoch in einem globalen Zusammenhang: Die 1960er-Jahre erscheinen im Rückblick als Zeit des weltweiten Aufruhrs und der Rebellion – in Ländern der sogenannten Dritten Welt entbrannten Kämpfe nationaler und sozialrevolutionärer Befreiungsbewegungen, die sozialistischen Reformen des Ostblockstaates ČSSR alarmierten die Sowjetunion und in den modernen westlichen Industriestaaten rebellierten Studentenbewegungen gegen das »Establishment«.

Einen gemeinsamen mobilisierenden Faktor für die Protestbewegungen in den westlichen Staaten stellte der von den USA in Vietnam geführte Krieg dar. In der Bundesrepublik und insbesondere in West-Berlin galten die Vereinigten Staaten seit dem Ende des Zweiten Weltkriegs als Besatzungsmacht, die vor etwaigen Expansionsplänen der Sowjetunion schützten. Der West-Berliner Bevölkerung standen die sowjetische Blockade 1948/49 und die tatkräftigen Gegenmaßnahmen durch die Amerikaner über die Luftbrücke lebendig vor Augen. Noch kurze Zeit vor Beginn der Studentenrevolte wurde US-Präsident John F. Kennedy von den West-Berlinern begeistert empfangen: Der amerikanische Präsident kam symbolträchtig am 26. Juni 1963, dem 25. Jahrestag des Beginns der Berliner Luftbrücke, zum Besuch in die geteilte Stadt. Kennedy sprach vor Gewerkschaftern der IG Bau-Steine-Erden in der Kongresshalle, vor Studenten an der FU Berlin und vor Hunderttausenden Berlinern vor dem Schöneberger Rathaus – die Begeisterung für den amerikanischen Präsidenten war allerorten riesig. Am Schöneberger Rathaus gab Kennedy ein Bekenntnis zur Sicherung der Freiheit West-Berlins durch die Amerikaner ab und schloss seine Rede mit den Worten:»Alle freien Menschen, wo immer sie leben mögen, sind Bürger Berlins, und deshalb bin ich als freier Mensch stolz darauf, sagen zu können: ›Ich bin ein Berliner!‹«

Doch ab Mitte der 1960er-Jahre änderte sich die Haltung der West-Berliner Studenten gegenüber der westlichen Führungsmacht grundlegend: Die USA nutzten den provozierten Angriff auf den US-Zerstörer Maddox am 2. August 1964 im Golf von Tonkin als Vorwand, um ihre ersten Lufteinsätze gegen Ziele in Nordvietnam zu fliegen. Diese Angriffe bildeten den Auftakt zur Eskalation des Vietnamkriegs, zu dessen Höhepunkt im Jahre 1968 etwa 542000 amerikanische Soldaten in Südvietnam stationiert waren. Die amerikanischen Truppen bekämpften dort zusammen mit der südvietnamesischen Armee die *Front National de Libération* (FNL), den *Vietcong*, der vom kommunistischen Norden unterstützt wurde. Das militärische Engagement der USA in Vietnam war von der Domino-Theorie motiviert – Präsident Eisenhower hatte 1954 die Befürchtung geäußert, wenn ein Land in Indochina kommunistisch würde, würden auch die Nachbarländer wie Dominosteine umfallen und ebenfalls kommunistische Regime etablieren.

Der von den USA in Vietnam geführte Krieg provozierte über Jahre weltweite Proteste. Zeitweise weitete sich der Konflikt auch auf die Nachbarstaaten Kambodscha und Laos aus. Nach dem Pariser Abkommen vom Januar 1973 zogen die USA sämtliche Truppen aus Südvietnam ab. Mit der Einnahme Saigons durch nordvietnamesische Truppen endete am 1. Mai 1975 der Vietnamkrieg. Die Namen der 58261 amerikanischen Gefallenen sind auf der Memorial Wall des Vietnam Veterans Memorial in Washington auf schwarzem Granit eingraviert. Über die Zahl der im Vietnamkrieg getöteten Vietnamesen gibt es nur

Vor der FU Berlin demonstrieren im Juli 1966 Studenten gegen den Vietnamkrieg

sehr grobe Schätzungen – sie reichen von zwei bis vier Millionen. An
den Folgen des Krieges – etwa durch den Einsatz des Entlaubungsmit-
tels *Agent Orange* durch die US-Luftwaffe – leiden bis heute hundert-
tausende Vietnamesen.

In West-Berlin führte die Eskalation des Vietnamkrieges im
Februar 1966 zur ersten Protestdemonstration vor dem Amerika Haus.
Organisiert wurde die Demonstration vom Sozialistischen Deutschen
Studentenbund (SDS). Der Studentenverband war 1946 gegründet
worden und stand der SPD nahe. Aufgrund zunehmender politischer
Differenzen fasste die SPD jedoch 1961 einen Beschluss, der die
Unvereinbarkeit der Mitgliedschaft im SDS und in der SPD erklärte.
Als Alternative für studentische SPD-Sympathisanten war bereits im
Jahr zuvor der Sozialdemokratische Hochschulbund (SHB) gegründet
worden. Bis zu seiner Selbstauflösung im März 1970 war der SDS der
einflussreichste Verband der bundesdeutschen Studentenbewegung.
In West-Berlin formierte sich ein antiautoritär ausgerichteter Flügel

des SDS, der stark an der Kritischen Theorie der Frankfurter Schule orientiert war – im Unterschied zum traditionalistischen Flügel etwa in Marburg, der auf die traditionelle Arbeiterbewegung setzte. Die antiautoritäre Ausrichtung des West-Berliner SDS wurde maßgeblich von einer Gruppierung geprägt, die sich im Sommer 1966 am bayerischen Kochelsee traf. Hier kamen Mitglieder der Münchner Sektion der Subversiven Aktion und West-Berliner SDS-Mitglieder zusammen und diskutierten auf der Grundlage der Schriften von Herbert Marcuse und Ernesto Che Guevara die weitere politische Praxis des SDS. Herbert Marcuse hatte in seiner Schrift *Der eindimensionale Mensch* festgestellt, dass die »Arbeiterklasse« in den fortgeschrittenen Industriegesellschaften systemkonform sei. Die Diskutanten am Kochelsee sahen deshalb nur zwei Möglichkeiten, gegen die bestehende gesellschaftliche Ordnung anzugehen: »Entweder als ›Agenten der Dritten Welt‹ in Sabotagetrupps die Nervenpunkte der imperialistischen Kriegsmaschinerie anzugreifen oder selbst in Länder der Dritten Welt zu gehen und den Kampf an Ort und Stelle zu unterstützen.« Das erklärte Ziel der politischen Praxis der Kommune-Aktivisten wurde durch die Übernahme einer Forderung Ernesto Che Guevaras zum Ausdruck gebracht: »Es ist der Mensch des 21. Jahrhunderts, den wir schaffen müssen ...« Dabei verstanden die Kommunarden ihren Menschen des 21. Jahrhunderts vor dem Hintergrund ihrer Rezeption der Schriften Marcuses als einen Menschen, der »neue Bedürfnisse« sowie »Befriedigungsformen« und mithin das »richtige« Bewusstsein entwickelt hat. Schließlich einigte man sich am Kochelsee darauf, »revolutionäre Kommunen« zu gründen, um dadurch eine systemverändernde Praxis zu entwickeln. Die am 1. Januar 1967 ins Leben gerufene Kommune I wurde zu einer wichtigen politischen und aktionistischen Orientierungsgröße für die Entwicklung der Studentenbewegung in West-Berlin wie in der Bundesrepublik.

Ein entscheidendes Moment für die Verbreiterung der studentischen Protestbewegung wie für deren Radikalisierung stellte die Erschießung des Studenten Benno Ohnesorg durch einen Polizisten während des Besuchs des persischen Schahs in West-Berlin am 2. Juni 1967 dar. Während die Regenbogenpresse den Besuch von Mohammad

Trauerzug nach der Trauerfeier für den erschossenen Studenten Benno Ohnesorg vor der FU Berlin, 8. Juni 1967. Den Kranz tragen der 2. AStA-Vorsitzende Bernhard Wilhelmer (links) und Konventspräsident Wolfgang Lefèvre (rechts).

Reza Pahlavi und seiner Frau Farah in Deutschland und West-Berlin mit Hochglanzfotos begleitete und enthusiastisch feierte, hatte sich unter den Studenten eine kritische Öffentlichkeit gegen den Staatsbesuch entwickelt. Im Februar 1967 war in der Paperback-Reihe *rororo-aktuell*, die bei Studenten sehr beliebt war, ein Buch des iranischen Germanisten Bahman Nirumand erschienen: *Persien, Modell eines Entwicklungslandes oder Die Diktatur der Freien Welt*. Darin kritisierte Nirumand detailliert das politische Regime des Schahs und die Rolle des Westens gegenüber dem Autokraten. Bis zum Besuch des persischen Herrscherpaares waren bereits etwa 25 000 Exemplare des Buches verkauft. Es war auch das letzte Buch, das Benno Ohnesorg vor seinem Tod am 2. Juni 1967 vor der Deutschen Oper gelesen hatte. Brigitte Braun, die Freundin von Benno Ohnesorg und dessen schwangerer Witwe Christa, steckte das Buch in der Morgue dem Toten in die Hände.

Ohnesorgs Tod durch eine Polizeikugel rief bei vielen Studenten – auch angesichts der geplanten Notstandsgesetze – das Gefühl hervor, in einem zusehends repressiver werdenden System zu leben. Dass der Todesschütze Karl-Heinz Kurras schnell freigesprochen und gleichzeitig Demonstranten gegen den Schah-Besuch wie Fritz Teufel juristisch belangt wurden, verstärkte diese Stimmungslage. Teile der Studentenschaft radikalisierten sich in der Folge des 2. Juni 1967. Das Datum gab schließlich im Januar 1972 auch einer West-Berliner linksterroristischen Gruppierung, die sich parallel zur RAF entwickelt hatte, ihren Namen: *Bewegung 2. Juni*. Ralf Reinders, ehemaliges Mitglied der Gruppe, stellte im Rückblick zur Bedeutung dieses Datums fest: »Die eigentliche Politisierung kam erst mit der Erschießung Benno Ohnesorgs am 2. Juni 1967. Nach all den Prügeln und Schlägen hatten wir das Gefühl, dass die Bullen auf uns alle geschossen haben. Gegen Prügel konntest du dich ja ein Stück weit wehren. Dass aber einfach jemand abgeknallt wird, ging ein Stück weiter.« Einen Monat nach der Erschießung Benno Ohnesorgs erhielten die Studenten politische Unterstützung durch Herbert Marcuse. Der Sozialphilosoph stammte ursprünglich aus Berlin, war 1933 in die USA emigriert und hatte zunächst in New York am Institut für Sozialforschung gearbeitet. Das Institut, das ursprünglich in Frankfurt am Main seinen Sitz gehabt hatte (*Frankfurter Schule*), war unter der Leitung von Max Horkheimer nach der Machtübernahme durch die Nationalsozialisten 1933 nach New York emigriert. Seine Mitglieder – neben Max Horkheimer und Marcuse u. a. Theodor Adorno, Erich Fromm, Leo Löwenthal, Franz Neumann und Otto Kirchheimer – forschten unter den Bedingungen des Exils weiter im Feld der *Kritischen Theorie*. Die Schriften der Mitglieder der Frankfurter Schule hatten später großen Einfluss auf die intellektuellen Debatten der Studentenbewegungen diesseits und jenseits des Atlantiks. Während Max Horkheimer und Theodor Adorno nach dem Ende des Zweiten Weltkriegs mit Unterstützung des amerikanischen *Reeducation*-Programms das Frankfurter Institut für Sozialforschung wiedererrichteten, blieb Herbert Marcuse in den USA. Von 1954 an lehrte er an der Brandeis University und seit 1964 an der University of California in San Diego. Seit 1965 hatte er auch eine außerordentliche Professur an der FU Berlin

Demonstranten versuchen, den Abtransport von Fritz Teufel zum Untersuchungs-
gefängnis zu verhindern, 15. September 1967

inne. Hier galt er den Studenten als ein Vertreter der Vätergeneration, der nicht wie so viele andere Hochschullehrer, Politiker und Juristen in die Machenschaften des Nationalsozialismus verstrickt war. Der Philosoph beeinflusste mit seinen Werken wie kein anderer die Studentenbewegungen in den USA und in der Bundesrepublik.

Die FU Berlin, wo Marcuse seine Vorträge im Juli 1967 hielt, war – neben der TU – zum Zentrum des studentischen Protests allgemein und des Vietnamkriegs der USA im Besonderen geworden. Damit erfüllten die Studenten in gewisser Weise die Mission, die mit der Gründung der FU verbunden war und die im Universitätssiegel mit den Werten *Veritas*, *Iustitia* und *Libertas* (*Wahrheit*, *Gerechtigkeit* und *Freiheit*) zum Ausdruck gebracht wurde – sie machten von ihrem Recht auf Forschungsfreiheit und freie Meinungsäußerung Gebrauch, wenn auch in einem politischen Sinne, der bei der Gründung der FU sicherlich noch nicht geahnt worden war. Die USA und der Förderer Henry Ford II waren maßgeblich an der Gründung der FU im Jahre 1948 beteiligt gewesen.

Der Gründung der FU im amerikanischen Sektor waren Konflikte an der im sowjetischen Sektor 1946 wiedereröffneten Berliner Universität (heutige Humboldt-Universität zu Berlin) vorausgegangen.

Im Verlauf des Sommersemesters 1967 entwickelten die Studenten an der FU in Arbeitskreisen Vorstellungen von einem Vorlesungsbetrieb mit selbstbestimmten Inhalten – die Kritische Universität (KU) wurde im Wintersemester 1967/68 gegründet. Parallel zu Bemühungen um die Reform der Lehre und der institutionellen Rahmenbedingungen an der Universität trugen die Studenten ihren Protest zu vielfältigen Themen auf die Straße. Im November 1967 war der Prozess gegen den Kommunarden Fritz Teufel ein besonderes Ereignis. Die Studenten und Angehörige der APO nahmen vor allem Anstoß an dem Umstand, dass einer der ihren für einen vermeintlichen Steinwurf am 2. Juni 1967 während des Schah-Besuchs bis zu seinem Prozess sehr lange Zeit im Gefängnis verbringen musste, während der Polizist, der Benno Ohnesorg erschossen hatte, zur gleichen Zeit freigesprochen wurde.

Im Verlauf der Entfaltung der studentischen Protestbewegung in West-Berlin kam es zu einer Revolte in der Revolte: Studentinnen begannen damit, nicht nur universitäre und andere gesellschaftliche Hierarchien infrage zu stellen, sondern auch die zwischen den Geschlechtern. Der SDS war ein von Männern dominierter Verband, und das Aufbegehren der Frauen sorgte für reichlich Konflikte. Während einer Vollversammlung des West-Berliner SDS im Oktober 1967 drängelten Frauen Christian Semler vom Mikrofon und erklärten:»Endlich ist es soweit. Wir ergreifen das Wort. Wir, der stumme Teil des SDS. Wir machen hier und jetzt Revolte. Gegen euch Männer. Wir sehen klar, dass unsere Unterdrückung mit euch zusammenhängt.« In West-Berlin gründete sich der *Aktionsrat zur Befreiung der Frauen*. Dieser initiierte auch die Einrichtung von *Kinderläden*, die die Frauen entlasten sollten. Zugleich wurde dort der Versuch unternommen, einen Erziehungsstil zu praktizieren, der sich vom herkömmlichen in fundamentaler Weise unterschied und antiautoritär geprägt war.

Die zunehmende Radikalisierung der Studentenbewegung im Jahre 1968 erfolgte auch unter dem Eindruck des eskalierenden Viet-

Besetzung des Germanischen Seminars der FU Berlin aus Protest gegen die Notstands-gesetzgebung, 29. Mai 1968

namkriegs: Der Vietcong hatte Ende Januar 1968 seine Tet-Offensive gestartet und dabei gezeigt, dass eine Guerillatruppe in der Lage war, die schlagkräftigste Militärmacht der Welt herauszufordern. Zugleich lasen viele Studenten nun Schriften von Befreiungstheoretikern der Dritten Welt, insbesondere von Ernesto Che Guevara. Protagonisten der Studentenbewegung wie Rudi Dutschke und Gaston Salvatore suchten daraus Anregungen für die eigene politische Praxis zu gewinnen. Das Bedürfnis der studentischen Aktivisten zu handeln wurde insbesondere durch die subjektive Wahrnehmung verstärkt, in einer welthistorisch entscheidenden Epoche zu leben. Die Welt war im Umbruch – in Asien, Afrika und Lateinamerika forderten Guerillabewegungen die bestehende Ordnung heraus, in den westlichen Industriestaaten rebellierten Studenten- und Jugendbewegungen gegen das politische Establishment und selbst im Ostblock kündigten sich mit dem Prager Frühling politische Veränderungen an.

Gewalt wurde nun in Teilen der Studentenbewegung als legitimes Mittel zur Herbeiführung gesellschaftlicher und politischer Veränderungen betrachtet. An der TU Berlin führte Holger Meins im Februar 1968 während einer Veranstaltung der Springerkampagne seinen Kurzfilm über die Herstellung eines Molotow-Cocktails vor – und schadete damit dem eigentlichen Projekt. Die zunehmende Bereitschaft zum militanten Engagement wurde insbesondere beim vom SDS organisierten Internationalen Vietnam-Kongress am 17. und 18. Februar 1968 deutlich. In seinem Aufruf zum Kongress hatte der SDS hinsichtlich seiner damit verbundenen Intentionen festgestellt, dass der »Kampf des vietnamesischen Volkes grundlegend für die internationale Arbeiterbewegung« sei – der »Sieg des vietnamesischen Volkes wäre ein epochaler Beweis für die Unüberwindbarkeit des revolutionären Volkskrieges und des Sozialismus in der ganzen Welt«. Es sei deshalb die Aufgabe »jedes Revolutionärs«, nicht um einen »Kompromissfrieden mit dem Imperialismus auf Kosten der vietnamesischen Revolution« zu bitten, sondern »auf der Grundlage des FNL-Programms mit aller Kraft für den Sieg der vietnamesischen Revolution zu arbeiten«. Weiterhin erklärte der SDS in diesem Zusammenhang:»Die Aufgabe der revolutionären Jugendbewegung in der ganzen Welt ist es, den Imperialismus in seinen jeweils verschiedenen Erscheinungsformen, so auch den westdeutschen Imperialismus, an jedem Ort und mit allen Mitteln anzugreifen, um die internationale Konterrevolution zu schwächen.« Alle Organisationen, die sich dazu entschlossen hätten, gegen den Imperialismus zu kämpfen, müssten sich zu einer »Einheitsfront« zusammenschließen. Ein Teil der engagierten Studentenschaft hatte ein revolutionäres Selbstverständnis entwickelt.

An Gründonnerstag 1968 wurde in Berlin wieder auf einen Studenten geschossen. Diesmal traf es den Protagonisten der Studentenbewegung Rudi Dutschke. Ein junger Rechtsradikaler schoss vor dem SDS-Zentrum am Kurfürstendamm dreimal auf den Studentenführer. Dutschke überlebte die Schüsse, starb aber 1979 an den Spätfolgen des Attentats. In Ost-Berlin schrieb Wolf Biermann ein Lied für seinen Freund, das bei den Demonstrationen im Anschluss auf das Attentat in West-Berlin gespielt wurde.

Demonstration auf dem Kurfürstendamm anlässlich des Internationalen Vietnam-Kongresses. Von links: Dale A. Smith, Rudi Dutschke, Gaston Salvatore, 18. Februar 1968

In den Tagen nach dem Attentat kam es zu Demonstrationen vor dem Springer-Hochhaus und zu gewalttätigen Auseinandersetzungen zwischen den protestierenden Studenten und der Polizei. Der Mordanschlag löste eine Protestwelle in der gesamten Bundesrepublik aus. Auch in anderen westlichen Industriestaaten wurde in Solidarität mit Rudi Dutschke demonstriert. Mit dem Attentat auf die Symbolfigur der Studentenbewegung war zugleich eine Persönlichkeit getroffen worden, die die unterschiedlichen politischen Strömungen innerhalb der Bewegung integriert hatte. Zwar konnte die Kampagne gegen die Notstandsgesetze im Mai 1968 nochmals Abertausende studentische Aktivisten mobilisieren. Doch bei der letzten ordentlichen Delegiertenkonferenz des SDS im September wurde deutlich, dass Rudi Dutschke als Integrationsfigur fehlte – der traditionalistisch-gewerkschaftliche und der antiautoritäre Flügel des Studentenverbandes drifteten weiter auseinander und die Studentenbewegung begann zu zersplittern.

Während sich in West-Berlin seit 1966 eine breite Oppositionsbewegung entwickelt hatte, die das politische Establishment durch
vielfältige Aktionen herausforderte, waren auch in Ost-Berlin kleine
regimekritische Freundeskreise entstanden. Ihre Opposition bestand
zunächst im Hören von »westlicher« Musik der Gegenkultur, bei den
jungen Männern im Tragen langer Haare und im Verweigern der vormi-
litärischen Ausbildung: »Es war eine ganz ähnliche Bewegung eigentlich wie im Westen, sich von den Alten loszumachen und mit ihren
konservativen Vorstellungen zu brechen. Nur war das eine andere Art
von konservativen Vorstellungen, weil wir Jungen uns eben an diesen
altkommunistischen oder auch stalinistischen Vorstellungen rieben«,
so Erika Berthold, Mitgründerin der Kommune 1 Ost. Große Hoffnungen wurden in die Reformbewegung in der damaligen Tschechoslowakei gesetzt – der dortige Versuch eines *Sozialismus mit menschlichem
Antlitz* könnte auch politisch-gesellschaftliche Veränderungen in der
DDR zur Folge haben. Diese Hoffnungen wurden jedoch in den frühen
Morgenstunden des 21. August 1968 zunichte gemacht, als Truppen
der Warschauer Pakt-Staaten in die ČSSR intervenierten und die
sozialistischen Reformbemühungen blutig beendeten. Die Nationale
Volksarmee der DDR beteiligte sich nicht am Einmarsch des Warschauer Paktes – 30 Jahre nach dem Münchner Abkommen sollten wohl keine Soldaten in deutschen Uniformen auf tschechoslowakischem Bo-
den militärisch aktiv sein.

Die Intervention gab für einige meist junge Leute in Ost-Berlin An-
lass zum Handeln: Freundeskreise verfassten Flugblätter, schrieben
Losungen an Häuserwände und verabredeten sich zu einer Demonstration vor der Sowjetischen Botschaft. Viele der Aktivisten stammten aus
Elternhäusern, die der DDR-Nomenklatura angehörten, oder aus Familien von Intellektuellen, die dem Regime kritisch gegenüberstanden.
In der Folge dieser Aktivitäten kam es zu einer Reihe von Verhaftungen
und Verurteilungen der teilweise jugendlichen Oppositionellen.

1969 gründeten Franziska und Gert Groszer sowie Erika Berthold
und Frank Havemann in Friedrichshain – angeregt durch ähnliche
Projekte in West-Berlin – die Kommune 1 Ost. Das Projekt stand unter der übergreifenden Frage »Wie kann man anders leben?« und war

Protestaktion von Studenten und Gewerkschaftern gegen den Mordanschlag auf Rudi Dutschke, 12. April 1968

nicht in der Stärke wie die West-Berliner Kommunen ideologisch ausgerichtet. Man wollte sich in der Kindererziehung gegenseitig solidarisch unterstützen und stellte dabei auch die klassischen Beziehungsstrukturen infrage. Im Verlauf des Projektes kamen die Kommunarden in Friedrichshain schließlich zu Diskussionen, die viele Bewohnerinnen und Bewohner späterer Wohngemeinschaften auch führen sollten: Wer bringt den Müll runter, wer ist mit dem Abwasch dran, etc. Als Florian Havemann seinen Bruder Frank einmal besuchte, stellte er fest:»Im Grunde praktiziert ihr statt der Ehe zu zweit eine Ehe zu viert oder zu sechst.« – und er hatte mit dieser Feststellung nach Auskunft der Kommunardin Franziska Groszer recht. Die Ost-Kommunardin wurde im Jahre 2008 aufgrund ihres Engagements gegen den Einmarsch der Warschauer Pakt-Staaten in die ČSSR vom tschechischen Ministerpräsidenten Mirek Topolánek mit dem Karel-Kramar-Orden geehrt.

Für West-Berliner Studenten und Angehörige der APO war die Intervention des Warschauer Paktes in der ČSSR hingegen kein großes Thema. Hier arbeitete ein kleiner, radikalisierter Kreis studentischer Aktivisten an der materiell-praktischen Verwirklichung einer »zweiten Front« zur Entlastung der FNL in Vietnam, wie sie auf dem Internationalen Vietnam-Kongress im Februar 1968 von verschiedenen studentischen Organisationen gefordert worden war. Am 2. April kam es zu einer durch den Vietnamkrieg motivierten militanten Aktion aus dem studentischen Spektrum: Das West-Berliner SDS-Mitglied Gudrun Ensslin deponierte am Abend des 2. April zusammen mit Andreas Baader, Thorwald Proll und Horst Söhnlein in zwei Frankfurter Kaufhäusern Brandsätze, die in der Nacht durch Zeitzünder ausgelöst wurden und einen Sachschaden von jeweils etwa 300 000 DM anrichteten. Personen kamen dabei nicht zu Schaden. Die Täter wurden bereits am nächsten Tag verhaftet.

Der Prozess gegen die vier mutmaßlichen Brandstifter vor dem Landgericht Frankfurt am Main vom 14. bis 31. Oktober 1968 fiel in eine Zeit, in der bereits etwa 2 000 Verfahren gegen studentische Aktivisten wegen ihrer Beteiligung an Aktionen der außerparlamentarischen Opposition anhängig waren. Dem Frankfurter Prozess wurde jedoch aufgrund des Tatvorwurfs auch über die Kreise der Studentenbewegung hinaus bundesweite Aufmerksamkeit zuteil. Der radikalisierte Teil der studentischen Aktivisten selbst erachtete die der Kaufhausbrandstiftung Angeklagten als »seiner« Bewegung zugehörig. Der West-Berliner SDS-Landesverband befand in seiner Solidaritätserklärung mit den vier Angeklagten, dass das »Feuerwerk« in den Frankfurter Kaufhäusern ein hilfloses Symbol für die »Verbrechen« gewesen sei, »mit denen der Imperialismus uns täglich überzieht – eine Bagatelle«.

Das Frankfurter Landgericht schätzte die Tat der vier Angeklagten allerdings ungleich schwerer ein und verurteilte sie am 31. Oktober 1968 zu drei Jahren Zuchthaus – ein Urteil, das nicht nur von der studentischen Oppositionsbewegung kritisiert, sondern auch von liberalen Medien als gänzlich überzogen eingeschätzt wurde. Nach der Urteilsverkündung unternahm Gudrun Ensslin in einer *Panorama*-Sendung des NDR den Versuch, die Motive für den Anschlag und den Zusam-

Demonstration auf dem Kurfürstendamm gegen die Besetzung der Tschechoslowakei, 21. August 1968

menhang zwischen (brennenden) Kaufhäusern in der Bundesrepublik und dem Krieg in Vietnam ausführlicher darzulegen: »Die Leute in unserem Land und in Amerika und in jedem westeuropäischen Land, die müssen fressen, sie müssen fressen, um nicht auf die Idee zu kommen nachzudenken, dass und was wir zum Beispiel mit Vietnam zu tun haben. Wunderbar – mir gefallen Autos auch, mir gefallen auch alle Sachen, die man in den Kaufhäusern kaufen kann. Aber wenn man sie kaufen muss, damit man nicht zu Bewusstsein kommt, dann ist der Preis, den man dafür zahlt, zu hoch. Da braucht man dann nicht mehr nur nach Vietnam zu gucken, und sich das Elend da anzugucken; da reicht es dann, wirklich einen Blick auf unsere Gesellschaft zu werfen und die Bewusstlosigkeit zu sehen, die ich einfach menschenunwürdig nenne.«

Bezeichnend für die Motivation dieser ersten militanten Aktion aus dem Umfeld der Studentenbewegung ist der dabei von den Aktivisten vorgenommene Bezug zwischen dem Krieg in Vietnam und der deutschen faschistischen Vergangenheit. Die an der Kaufhausbrandstiftung Beteiligten wollten angesichts der in Vietnam begangenen Kriegsgräuel nicht durch eine passive Haltung wie die Elterngeneration während der nationalsozialistischen Diktatur »Schuld auf sich laden«, sondern durch ihr Eingreifen zur Beendigung des Krieges in Vietnam beitragen. Dieses Motiv sollte auch bei der Herausbildung militanter *Stadtguerilla*-Gruppen Ende 1969 und zu Beginn des Jahres 1970 eine entscheidende Rolle spielen.

Einige Tage nach der Urteilsverkündung im Kaufhausbrandstifterprozess kam die seit Jahresbeginn in Teilen der Studentenbewegung diskutierte *Gewaltfrage* anlässlich einer Demonstration aus Solidarität mit dem Rechtsanwalt, ehemaligen SDS- und APO-Aktivisten Horst Mahler am 4. November 1968 offen zum Ausdruck: Vor dem Berliner Landgericht am Tegeler Weg attackierten militante Demonstranten die Polizei und es kam zur blutigsten Straßenschlacht der West-Berliner Nachkriegsgeschichte. In der Folgezeit entwickelte sich im spezifischen studentischen Milieu West-Berlins eine subkulturell beeinflusste Politszene, die sowohl kulturrevolutionäre als auch politische Momente zu vereinen suchte. Diese *scene*, wie sie im Jargon des subkulturellen Milieus genannt wurde, war allerdings nicht rein studentisch bestimmt. An ihr partizipierten auch Teile der nichtakademischen Jugend, etwa aus der sogenannten *Gammler-Bewegung*, die sich um die Gedächtniskirche angesiedelt hatte.

Zu einem Kristallisationskern dieser amorphen Subkultur-Szene bildete sich die Wieland-Kommune heraus. Hier formierte sich der Zentralrat der umherschweifenden Haschrebellen, aus dem sich die erste West-Berliner Stadtguerilla-Gruppe entwickeln sollte – die Tupamaros West-Berlin. Diese Gruppierung – darunter Dieter Kunzelmann, Georg von Rauch, Thomas Weisbecker und Albrecht Fichter – fuhr im Spätsommer 1969 in ein palästinensisches Flüchtlingslager bei Amman, wo sie mit Vertretern der Al Fatah Diskussionen führten. Ende Oktober reisten sie nach West-Berlin zurück und bildeten hier eine Stadtguerilla-Gruppe zur Schaffung einer »zweiten Front« aus Solidarität mit den Befreiungsbewegungen in der Dritten Welt. Wesentlicher politisch-ideologischer wie praktischer Bezugspunkt der West-Berliner Stadtguerilla waren die Schriften und das revolutionäre Exempel Ernesto Che Guevaras und die uruguayische Stadtguerilla-Organisation Tupamaros. Die West-Berliner Tupamaros verübten ab November 1969 Sprengstoff- und Brandanschläge, darunter ein missglückter Anschlag auf das Jüdische Gemeindehaus in der Fasanenstraße am 9. November 1969. Im Januar 1972 ging aus den verbliebenen Aktivisten der Tupamaros West-Berlin und anderen militanten Aktivisten die *Bewegung 2. Juni* hervor.

Im Zuge der sich auflösenden Studentenbewegung bildete sich im Mai 1970 in West-Berlin eine zweite Gruppierung, die sich als Stadtguerilla-Organisation an der Seite der Befreiungsbewegungen in der Dritten Welt verstand: Die Rote Armee Fraktion. Ihre Geburtsstunde war der 14. Mai 1970, als Ulrike Meinhof und andere Andreas Baader während eines Bibliotheksbesuchs beim Deutschen Zentralinstitut für soziale Fragen befreiten. Mit der Formierung von terroristischen Stadtguerilla-Gruppen wie den Tupamaros West-Berlin und der RAF fanden die von Teilen der Studentenbewegung geführten Diskussionen um die materielle Unterstützung der Befreiungsbewegungen in der Dritten Welt, insbesondere des Vietcong, durch militante Aktionen ihren extremsten, verhängnisvollen Ausdruck.

Das Erbe der Bewegung von 1968 und ihrer Aktivitäten in Berlin ist jedoch bedeutend vielfältiger und fruchtbarer – es reicht von der Auseinandersetzung mit der nationalsozialistischen Vergangenheit über die Reflexion und Veränderung althergebrachter Hierarchien an Universitäten, Schulen und Kindergärten sowie die Herausbildung neuer sozialer Bewegungen hin zur Gründung der Partei der GRÜNEN bis zum Umdenken im Verhältnis der Geschlechter zueinander. Die Orte, an denen die Auseinandersetzungen um die vielgestaltigen Konfliktthemen in den 1960er-Jahren geführt wurden, sind in Berlin beispielhaft zu besuchen.

Die folgenden 28 kurzen Kapitel behandeln zentrale Orte der 68er-Bewegung in Berlin in der Reihenfolge der Ereignisse und bieten so die Gelegenheit, sie lesend, aber auch bei einem Stadtrundgang noch einmal zu vergegenwärtigen.

SCHAUPLÄTZE DER REVOLTE

»VERHANDLUNGEN MIT DER FNL!«

AMERIKA HAUS

Es war die erste Demonstration von Studenten der FU Berlin gegen den Vietnamkrieg – und sie sorgte gleich für Schlagzeilen: Am 5. Februar 1966 hatten der SDS und andere Studentenverbände zu einer Demonstration gegen den »schmutzigen Krieg in Vietnam« aufgerufen, an der sich etwa 2500 Studenten beteiligten. Nachdem die Demonstranten kurzzeitig vor dem Maison de France den Kurfürstendamm blockiert hatten, zogen sie vor das symbolträchtige Amerika Haus in der Hardenbergstraße.

Die USA hatten nach dem Ende des Zweiten Weltkriegs rund um den Globus Amerika Häuser in Ländern eröffnet, die nicht der sowjetischen Einflusssphäre angehörten. Durch sie wurde Kulturpolitik betrieben, was die Vermittlung amerikanischer Werte und politischer Ziele beinhaltete. Sie wurden so zu einem wesentlichen Bestandteil amerikanischer Außenpolitik. In Berlin diente das erste Amerika Haus – wie andere Häuser in Westdeutschland auch – zunächst der Reeducation, der politisch-moralischen Umerziehung der Deutschen. Nach der Zeit des Faschismus sollten hier demokratische Werte vermittelt werden.

Als im Februar 1966 der Protestzug das Amerika Haus erreichte, veranstalteten die Demonstranten auf der Straße ein Sit-in und holten die amerikanische Flagge ein. Auf ihren Tafeln waren Parolen zu lesen wie *Verhandlungen mit der FNL!, Frieden statt Diplomatenlügen!* und *Statt US-Weltgendarm – Freiheit und Selbstbestimmung für Vietnam!* Dann geschah etwas Unerhörtes: Studenten warfen Eier an die Fassade des Hauses, das symbolisch für die Schutzmacht des freien Westens allgemein und der Frontstadt Berlin im Besonderen stand.

28

Demonstration gegen den Vietnamkrieg vor dem Amerika Haus, 5. Februar 1966

Zur Mobilisierung für die Demonstration hatten studentische Aktivisten um Rudi Dutschke und Bernd Rabehl in der Nacht vom 3. auf den 4. Februar in sieben West-Berliner Bezirken und auf dem Gelände der FU in geheimer Mission Plakate geklebt. Darauf waren Botschaften zu lesen, die die später einsetzende politische Radikalisierung bereits erahnen ließen: »Erhard und die Bonner Parteien unterstützen *Mord. Mord durch Napalmbomben. Mord durch Giftgas!* Die US-Aggression in Vietnam verstößt gegen die Interessen des demokratischen Systems. Kuba, Kongo, Vietnam – die Antwort der Kapitalisten ist Krieg. *Amis raus aus Vietnam* – Internationale Befreiungsfront.«

Die Presse zeigte sich angesichts der Demonstration vor dem Amerika Haus empört: *Die Narren von West-Berlin!* und *Beschämend! Undenkbar! Kurzsichtig!* hieß es dort. Die noch kleine Studentenbewegung hatte für erstes Aufsehen in den etablierten Medien gesorgt.

Amerika Haus, Hardenbergstraße 22, 10623 Berlin

»WANN BRENNEN DIE BERLINER KAUFHÄUSER?«

KOMMUNE I

Sie initiierte öffentlichkeitswirksame Aktionen und provozierte das bürgerliche Establishment: Die Kommune I sorgte ab Januar 1967 mit ihren Happenings und Flugblättern in den Medien für Furore. Am bayerischen Kochelsee hatten sich im Sommer 1966 Mitglieder der Münchner Sektion der *Subversiven Aktion* (Dieter Kunzelmann u. a.) und Mitglieder des Berliner SDS (Rudi Dutschke, Bernd Rabehl u. a.) getroffen, um über die weitere Entwicklung des SDS und dessen politische Praxis zu diskutieren. Dabei rückte »besonders stark ein Element in den Vordergrund – die romantische Identifikation mit den Guerillas in der sog. Dritten Welt«. Als Ergebnis des Treffens wurde vereinbart, »revolutionäre Kommunen« ins Leben zu rufen, deren Ziel es war, eine »systemverändernde Praxis« auszuüben. Im Januar 1967 war es dann soweit: In Berlin wurde die Kommune I gegründet. Mit ihren fantasievollen Aktionsformen, ihrem Versuch anti-autoritäre Lebensformen zu finden und ihrer Infragestellung der herkömmlichen Sexualmoral entwickelte sie eine große Anziehungskraft besonders für Studenten und Schüler.

Eine makabre – und letztlich prophetische – Variante der provokanten Aktionen stellte ein Flugblatt der Kommune I vom 24. Mai 1967 dar, das im Anschluss an den Brand eines Brüsseler Kaufhauses mit 322 Todesopfern verbreitet wurde. Darin erklären die Kommunarden (fälschlicherweise), dass belgische Vietnamkriegsgegner den Brand gelegt hätten, um »die Bevölkerung am lustigen Treiben in Vietnam wirklich zu beteiligen«. Diese vorgebliche Aktion werde, so die Kommunarden, bundesdeutschen Vietnamkriegsgegnern als Beispiel dienen: »Wenn es irgendwo brennt in der nächsten Zeit, wenn irgendwo

Die Mitglieder der Kommune I, Rainer Langhans (Mitte, mit Sonnenbrille) und Dieter Kunzelmann (rechts neben Langhans, mit Bart), im Kreise ihrer Anhänger; in der hinteren Reihe stehend Fritz Teufel (Mitte) sitzend obere Reihe ganz li. Andreas Baader und Gudrun Ensslin, August 1967

eine Kaserne in die Luft geht, wenn irgendwo in einem Stadion die Tribüne einstürzt, seid bitte nicht überrascht. Genauso wenig wie beim Überschreiten der Demarkationslinie durch die Amis, der Bombardierung des Stadtzentrums von Hanoi, dem Einmarsch der Marines nach China. Brüssel hat uns die einzige Antwort darauf gegeben: burn, ware-house, burn!« Was hier in Solidarität mit dem Kampf des Vietcong noch provokant-satirisch gemeint war, sollte mit den Aktivitäten der späteren RAF-Mitglieder Andreas Baader, Gudrun Ensslin u. a. bald politische Realität werden.

Kaiser-Friedrich-Straße 54a, 10627 Berlin

»WELCOME TO BERLIN MR. DICTATOR«

RATHAUS SCHÖNEBERG

Vom 27. Mai bis 4. Juni 1967 hielt sich der Schah von Persien, Mohammad Reza Pahlavi, zusammen mit seiner Frau Farah Diba zum Staatsbesuch in der Bundesrepublik und West-Berlin auf. Die Ereignisse um seinen Besuch in der geteilten Stadt wurden zum Auslöser für die Entwicklung einer breiten studentischen Protestbewegung – und für deren Radikalisierung. Am späten Vormittag des 2. Juni war der Empfang des Schahs im Schöneberger Rathaus vorgesehen. Das Rathaus war infolge der Teilung der Stadt in West und Ost 1948/49 zum Sitz von Regierendem Bürgermeister, Senat und Abgeordnetenhaus des Westteils des Landes und der Stadt Berlin geworden. Anlässlich des Schah-Besuchs hatten der SDS und die Konföderation Iranischer Studenten zum Protest aufgerufen. Ihr Vorwurf: »Gesucht wird Schah Mohamed Reza Pahlawi wegen Mord und Folterungen an dem Journalisten Karimpour Schirazi, an dem Außenminister Hossein Fatemi, an dem Justizminister Lotfi nach vorherigem Ausreißen der Augen, an einundsiebzig oppositionellen Offizieren, an Hunderten von Kommunisten, an ziviler Bevölkerung und Journalisten. Weiter ist er schuldig aufrecht erhalten zu haben das Analphabetentum von 80 % der Bevölkerung, nicht verhindert zu haben, dass jedes zweite Kind stirbt« etc.

Dem Aufruf zum Protest gegen den Schah-Besuch vor dem Schöneberger Rathaus am 2. Juni folgten nach Schätzungen der Polizei etwa 400 studentische Demonstranten, die sich zusammen mit etwa 2000 Zuschauern hinter Absperrgittern der Polizei versammelten. Einige der Demonstranten trugen Schah- und Farahtüten vor dem Gesicht, andere hatten Transparente mit Aufschriften wie *Welcome to Berlin Mr. Dictator* und *Der Mörder des persischen Volkes* bei sich. Vor den Absper-

Vor dem Rathaus Schöneberg gehen Anhänger des Schahs mit Holzlatten gegen Demonstranten vor, 2. Juni 1967

rungen hielten sich jubelnde Schah-Sympathisanten auf, die Plakate mit Aufschriften wie *Willkommen in Berlin* und *Iranische Studenten grüßen den Schah* trugen. Nachdem der autokratische Herrscher im Rathaus eingetroffen war, schlugen die sogenannten *Jubelperser* mit Holzlatten auf die Demonstranten ein. Was für die protestierenden Studenten umso bitterer war: Die West-Berliner Polizei schritt gegen diese offensichtlich geplanten Übergriffe erst drei Minuten später ein. Kein *Prügelperser* wurde festgenommen, die Polizei unterließ es sogar, ihre Personalien festzustellen.

Rathaus Schöneberg, John-F.-Kennedy-Platz, 10825 Berlin

DIE ERSCHIESSUNG VON BENNO OHNESORG

DEUTSCHE OPER

Anlässlich des Schah-Besuchs kam es vor der Deutschen Oper am Abend des 2. Juni 1967 zu folgenschweren Auseinandersetzungen zwischen Demonstranten und der Polizei. Um 20 Uhr wollte das persische Herrscherpaar zusammen mit Bundespräsident Heinrich Lübke und dem Regierenden Bürgermeister Heinrich Albertz einer Aufführung von Mozarts *Zauberflöte* beiwohnen. Vor der Deutschen Oper protestierten Studenten mit Plakaten, auf denen *Mörder raus aus West-Berlin!*, *Nieder mit dem Schah* und *In Persien ist Diktatur* zu lesen war. Als die Limousinen vor der Deutschen Oper eintrafen, wurden die illustren Gäste von den Schah-Kritikern mit Sprechchören, Farbbeuteln und Eiern empfangen. Nach Vorstellungsbeginn versuchte die Polizei unter dem Kommando »Knüppel frei« die Demonstranten vor der Oper zurückzudrängen. In der eskalierenden Situation fiel ein Schuss. Der Polizist Karl-Heinz Kurras hatte dem Studenten Benno Ohnesorg in den Kopf geschossen. Dieser erlag wenige Studenten später seinen Verletzungen im Krankenhaus Moabit.

Die Erschießung von Benno Ohnesorg wurde zum Fanal für die Studentenbewegung, die sich in der Folge stark verbreitete und in Teilen radikalisierte. Am Tag nach den Vorfällen vor der Oper schrieb die Springer-Presse den Demonstranten die Schuld an der Eskalation zu. So hieß es beispielsweise in der B.Z. am 3. Juni unter der Überschrift »Das ist Terror!«: »Wer Anstand und Sitte provoziert, muss sich damit abfinden, von den Anständigen zur Ordnung gerufen zu werden. Wer Terror produziert, muss Härte in Kauf nehmen.« Die Studenten ihrerseits zeigten angesichts des Todes von Benno Ohnesorg große Anteilnahme. Allein bei der Beerdigung Ohnesorgs in Hannover waren etwa

Demonstration gegen den Besuch des Schahs vor der Deutschen Oper in der Bismarck-straße, 2. Juni 1967

10 000 Studenten anwesend. In seiner Rede auf der Trauerfeier der FU erklärte Knut Nevermann, dass Benno Ohnesorg getötet wurde »als einer von uns, die wir unsere Meinung äußern wollten. Wir stellen mit Erschütterung und Erbitterung fest, dass unsere Stadt durch diesen Tod eines Kommilitonen nicht aufgerüttelt wurde, sondern im Gegenteil die Angriffe auf die Studenten verschärfte.«

Der Todesschütze Karl-Heinz Kurras wurde im November 1967 vom Landgericht Moabit freigesprochen. In Erinnerung an Benno Ohnesorg wurde bei der Deutschen Oper im Dezember 1990 das Gedenkrelief *Tod des Demonstranten* von Alfred Hrdlicka aufgestellt. 2009 wurde bekannt, dass Kurras seit 1955 und zum Zeitpunkt seiner Erschießung Ohnesorgs als Inoffizieller Mitarbeiter der Stasi tätig war. Ein Tötungsauftrag der Stasi hatte es jedoch wohl nicht gegeben.

Deutsche Oper, Bismarckstraße 35, 10627 Berlin

»DAS PROBLEM DER GEWALT IN DER OPPOSITION«

Einen Monat nach dem Tod von Benno Ohnesorg hielt Herbert Marcuse zwei Vorträge im überfüllten Audimax der FU. Marcuse war mit seinen Werken wie *Triebstruktur und Gesellschaft* und *Der eindimensionale Mensch* zum einflussreichsten Philosophen der Studentenbewegungen diesseits und jenseits des Atlantiks geworden. In Berlin geboren, hatte Marcuse dem Frankfurter Institut für Sozialforschung angehört und war 1933 in die USA emigriert. Dort lehrte er u. a. an der University of California in San Diego und hatte seit 1965 eine außerordentliche Professur an der FU Berlin inne. Im Juli 1967 war der Sozialphilosoph auf Einladung des Berliner SDS in der aufgeheizten Atmosphäre nach dem Tod von Benno Ohnesorg zu einer Veranstaltungsreihe an die FU gekommen. In seinen Referaten *Das Ende der Utopie* und *Das Problem der Gewalt in der Opposition* bezog Marcuse Stellung zur »radikalen Opposition« in der Dritten Welt und in den Industriestaaten. Dabei solidarisierte er sich mit den aufbegehrenden Studenten und forderte sie auf, sich für die »Befreiung des Bewusstseins« außerhalb ihrer Kreise einzusetzen. Im Verbund mit den »Unterprivilegierten« könnten die Studenten auf eine »mögliche Krise des Systems« des Spätkapitalismus hinwirken und somit den revolutionären Kampf der nationalen Befreiungsbewegungen wie etwa den Vietcong in Vietnam unterstützen.

Die radikalisierten Studenten wiederum griffen die Positionen des Sozialphilosophen auf und nutzten sie für ihre eigene politische Ausrichtung. So nahm Rudi Dutschke zu den von Marcuse vertretenen Ansichten Stellung und gelangte für den Kampf der Studenten zu dem Schluss: »Das heißt für uns nichts anderes, als durch sich steigernden

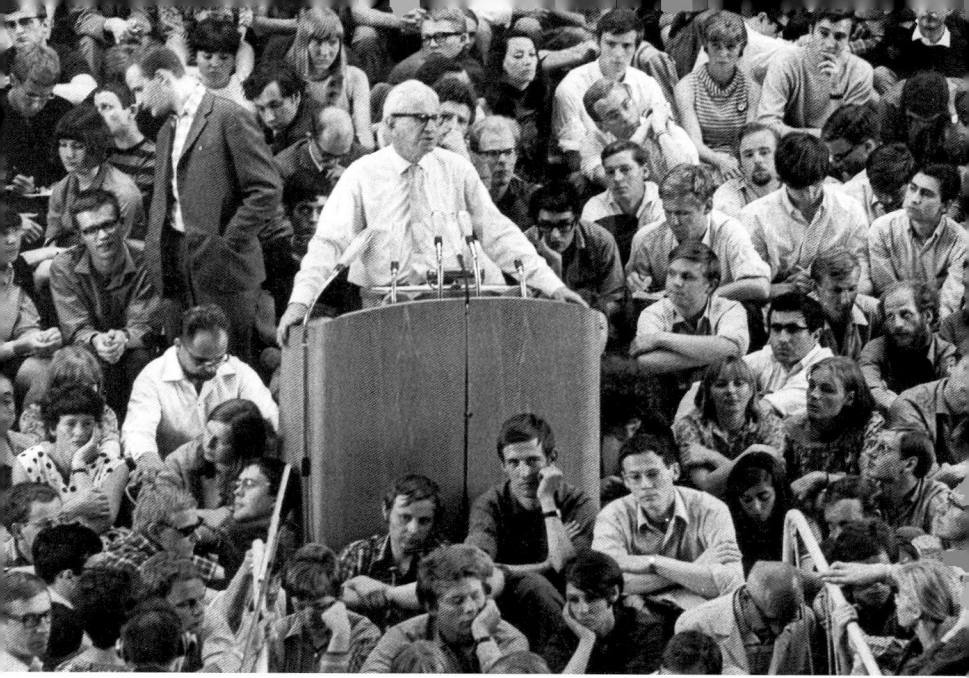

Herbert Marcuse bei einer Veranstaltung in der FU Berlin, 1967

politischen Kampf gegen ›unsere‹ bestehende Ordnung, die sich gerade durch die offene und verdeckte Komplizenschaft mit den USA auszeichnet, den vietnamesischen Befreiungskampf durch unseren eigenen Emanzipationsprozess konkret zu unterstützen.«

Herbert Marcuse galt in der deutschen Studentenbewegung auch als moralische Instanz. Anders als viele Angehörige der Elterngeneration war er als Gegner des Nationalsozialismus emigriert. Und er war Rudi Dutschke auch persönlich verbunden – Marcuse besuchte den Studentenführer nach dem Attentat im Krankenhaus. Herbert Marcuse verstarb im Jahr 1979. Sein Grab befindet sich auf dem Dorotheenstädtischen Friedhof in der Chausseestraße.

Freie Universität Berlin / Henry-Ford-Bau, Garystraße 35, 14195 Berlin

CHE GUEVARA
AUF DEM KU'DAMM

KURFÜRSTENDAMM

An wohl keinem anderen Tag der 1960er-Jahre kam der internationale Charakter der Protestbewegungen der westlichen Welt so prägnant zum Ausdruck wie am 21. Oktober 1967, dem *Tag des internationalen Protestes gegen den Krieg in Vietnam*. In zahlreichen Städten von den USA über London, Paris, Amsterdam, Rom, Oslo bis Tokio fanden Demonstrationen gegen den Vietnamkrieg statt. In West-Berlin hatten 33 Organisationen zum Protest aufgerufen, dem etwa 7000 Menschen folgten. Zum Vergleich: Am Anti-Vietnamkriegs-*March on the Pentagon* in Washington beteiligten sich ca. 100000 Menschen. Auf der Abschlusskundgebung der Demonstration in West-Berlin hielt Helmut Gollwitzer – neben Rudi Dutschke sowie französischen, griechischen, arabischen und amerikanischen Gastrednern – eine vielbeachtete Ansprache. Der an der FU lehrende evangelische Theologe erklärte: »Um die sterbenden Vietnamesen sitzen heute die Völker der Welt als Zuschauer, wie einst in der römischen Arena das Publikum um die sterbenden Gladiatoren, – so sagte kürzlich ein kritischer Beobachter unserer Demonstrationen. Jawohl, auch wir gehören zu diesem Publikum, ob wir nun gleichgültig, beifällig oder protestierend diesem Morden und Sterben zuschauen.« Und: »Man kann nicht Christ sein und zu den Morden in Vietnam schweigen.«

Gollwitzer genoss in der studentischen Protestbewegung großes Ansehen. Wie Herbert Marcuse gehörte er der Elterngeneration an und hatte sich – im Unterschied zu vielen Eltern und Professoren der Studenten – nicht am Nationalsozialismus beteiligt, sondern als Angehöriger der Bekennenden Kirche Widerstand gegen den Faschismus geleistet.

Demonstration gegen den Krieg in Vietnam, 21. Oktober 1967

Die Demonstrationen wurden nicht nur in West-Berlin, sondern weltweit bestimmt von Plakaten mit dem Foto von Ernesto Che Guevara. Der argentinische Revolutionär hatte versucht, in Bolivien eine Revolution auf ähnliche Weise in Gang zu setzen, wie sie 1959 auf Kuba initiiert worden war. Er war nach seiner Gefangennahme am 9. Oktober 1967 exekutiert worden. Wie kein zweiter zeitgenössischer Revolutionär hatte Guevara mit seinen Schriften und seinem Handeln als Guerillero die Protestbewegungen in der westlichen Welt in den 1960er-Jahren inspiriert. Seinen internationalistischen Aufruf »Schaffen wir zwei, drei, viele Vietnam« machten sich Aktivisten weltweit zu eigen. Im Anschluss an die Protestveranstaltung in West-Berlin unternahmen Demonstranten den Versuch, den Kurfürstendamm zu blockieren. Dabei kam es zu schweren Auseinandersetzungen mit der Polizei.

Kurfürstendamm, 10707 Berlin

39

KRITISCHE UNIVERSITÄT

CLUBHAUS DER FU BERLIN

Am 18. Juni 1967 kam es im Clubhaus der FU zu einem Treffen von SDS-Mitgliedern, auf dem die Grundlage zu einer »Gegenuniversität« gelegt werden sollte. Der SDS-Hochschulpolitiker Wolfgang Nitsch hatte dazu ein Arbeitspapier mit »Argumenten für eine von Studenten selbstorganisierte *Kritische Universität* in der FU« verfasst. Ziel sei es, dass sich die Studenten zu einer »Gegenmacht innerhalb der Universität« als »öffentlich-demonstrative praktische Kritik gegenüber dem herrschenden Wissenschaftsbetrieb« zusammenschließen. Bereits im Juli lag dann ein Vorlesungsverzeichnis des AStA der FU mit Veranstaltungen der Kritischen Universität (KU) für das Wintersemester 1967/68 vor. Trotz eines Verbots durch den Akademischen Senat wurde sie schließlich am 1. November 1967 im Audimax der FU gegründet.

Übergeordnetes Ziel der KU war die »Demokratisierung der Hochschule in einer demokratischen Gesellschaft«. Dabei verstand sich die KU als Instanz, die die bestehenden gesellschaftlichen Verhältnisse in West-Berlin nach Möglichkeit verändern sollte: »Es muss der Kritischen Universität gelingen, den aufkeimenden Widerstand unter den arbeitenden Massen dieser Stadt theoretisch zu artikulieren und damit praktisch voranzutreiben.«

Insgesamt wurden an der KU 33 Arbeitskreise angeboten: Im Themenbereich *Wirtschaft Gesellschaft Recht* etwa »Politische Ökonomie des Alltagslebens«, »Demokratisierung der Schule« und »Modelle kolonialer Revolutionen«, im Bereich *Naturwissenschaften* »Naturwissenschaften und Politik« und im Bereich *Sprache und Literatur* »Verschüttete Aufklärung – der affirmative Charakter der gegenwärtigen Literaturwissenschaft« und »Die Arbeiterklasse in der gegenwärtigen

Gründungsversammlung der Kritischen Universität, 1. November 1967

Literatur«. Dank der Traditionskultur autonomer Arbeitskreise im SDS
und im Republikanischen Club (RC) konnte die KU ihre Veranstaltungen gut planen und organisieren. Dies vermochte allerdings nicht zu
verhindern, dass »einige der Arbeitskreise zu intelligent gemachten
und dazu noch kostenlosen Repetitorien, andere zu Lektürezirkeln«
verkamen. Doch hatten hier »abstrakte Revolutionsmodelle, dogmati-
sche Schulung und Pop-Stalinismus« auch keinen Platz. Das Beispiel
der Kritischen Universität an der FU machte Schule – in Hamburg,
Frankfurt, München und Heidelberg wurden ebenfalls Versuche unternommen, KUs einzurichten.

Freie Universität Berlin / Clubhaus, Goethestraße 49, 14163 Berlin

»WENN'S DER WAHRHEITS-FINDUNG DIENT«

KRIMINALGERICHT MOABIT

Er stand für den provokativen, aktionistisch ausgerichteten Teil der Studentenbewegung: Fritz Teufel, Kommunarde und Enfant terrible der bürgerlichen Presse. Am 2. Juni 1967 beteiligte sich Teufel an den Protestaktionen vor der Deutschen Oper gegen den Besuch des Schahs. Dabei wurde er verhaftet und wegen eines angeblichen Steinwurfs angeklagt – zu Unrecht, wie sich ein halbes Jahr später herausstellte. Teufels Verhaftung und lange Inhaftierung rief in Berlin, der Bundesrepublik und im Ausland zahlreiche Solidaritätsaktionen hervor. Der Berliner SDS sah in der Behandlung Teufels und dem gleichzeitig erfolgten Freispruch des Todesschützen ihres Kommilitonen Benno Ohnesorg, Karl-Heinz Kurras, eine »Klassenjustiz« am Werk.

Zum Beginn des Prozesses gegen Fritz Teufel am 27. November 1967 organisierten die Studentenverbände SDS und SHB sowie der RC eine Demonstration vor dem Gerichtsgebäude in Moabit – das Motto: *Treibt Moabit den Teufel aus!* Als sich vor dem Gebäude etwa 2 500 Demonstranten versammelt hatten, kam es zu schweren Auseinandersetzungen mit der Polizei, die Wasserwerfer und berittene Einheiten einsetzte. Eine Gruppe von Studenten, darunter Rudi Dutschke, unternahm den Versuch, die Absperrungen zu durchbrechen und zum Gerichtsgebäude zu gelangen. Einen Tag später wurden in Presseorganen des Springerverlags Fotos von der Demonstration veröffentlicht und Rudi Dutschke als »Rädelsführer der Krawallmacher« ausgemacht.

Fritz Teufel seinerseits wurde bei den Gerichtsverhandlungen seiner Rolle als Provokateur des Establishments wiederum gerecht: So sah sich der Richter dazu veranlasst, ihn zu ermahnen, während der Verhandlung in seinen Ausführungen doch nur Aspekte vorzubringen,

Publikum vor dem Gerichtsgebäude während des Prozesses gegen Fritz Teufel, 7. Juli 1967

die der Wahrheitsfindung dienen. Am zweiten Verhandlungstag stand Teufel dann nicht von seinem Platz auf, als der Vorsitzende Richter den Saal betrat. Von diesem dazu aufgefordert, erklärte Teufel: »Naja – wenn's der Wahrheitsfindung dient« und erhob sich. Im Dezember 1967 wurde Teufel schließlich auf Kosten der Kasse des Landes Berlin freigesprochen. Fritz Teufel verstarb im Jahr 2010 und ist auf dem Dorotheenstädtischen Friedhof beigesetzt.

Amtsgericht Tiergarten, Turmstraße 91, 10559 Berlin

43

AKTIONSRAT ZUR BEFREIUNG DER FRAUEN

REPUBLIKANISCHER CLUB

Er bildete eine der Keimzellen der neuen Phase der Frauenbewegung – der *Aktionsrat zur Befreiung der Frauen*. Um die Jahreswende 1967/68 hatte sich aus dem Berliner SDS und der APO eine Frauengruppe zusammengefunden, die die männerdominierten Strukturen im SDS wie in der Gesellschaft allgemein infrage stellte und eine Demokratisierung der Geschlechterverhältnisse forderte. Die wöchentlichen Zusammenkünfte des Aktionsrats zur Befreiung der Frauen fanden in den Räumlichkeiten des RCs in der Wielandstraße 27 statt. Eine besonders wichtige Thematik stellte die ungleiche Verteilung der alltäglichen Arbeit bei der Erziehung der Kinder dar. So schrieben die Frauen des Aktionsrats in ihrem ersten Flugblatt vom Januar 1968:»Wir bekamen Angst und wurden immer lahmer. Wir begannen, politische Veranstaltungen zu hassen, da sie nichts daran änderten, dass uns die alltäglichen Probleme zu einem reaktionären Verhalten zwangen. Da wir nicht länger passiv, verkrampft, wehleidig, einsam bleiben wollen, nicht mehr auf den unverbindlichen Zufall eines verständnisvollen Verhältnisses angewiesen sein wollen, müssen wir trotz aller Interessengleichheit unsere ungleiche Situation aufnehmen, artikulieren und organisieren. Diese ungleiche Situation ist äußerlich dadurch gekennzeichnet, dass uns die kommende Generation ›am Halse hängt‹. Hier müssen wir aufhören, die Misere individuell lösen zu wollen, oder damit auf Zeiten nach der Revolution zu warten.« Vor diesem Hintergrund entstanden in Berlin die ersten selbst organisierten Kinderläden.

Besondere öffentliche Aufmerksamkeit erhielt der Aktionsrat zur Befreiung der Frauen anlässlich der Rede von Helke Sander bei der 23.

Wielandstraße 27: Hier residierte der Aktionsrat zur Befreiung der Frauen

Delegiertenkonferenz des SDS in Frankfurt am Main im September 1968. Sander, die an der Deutschen Film- und Fernsehakademie Berlin studierte, trat vor den SDS-Delegierten als Sprecherin des Berliner Aktionsrats auf. In ihrer Rede, die einen wichtigen Schritt für die Entwicklung der neuen Frauenbewegung darstellte, betonte sie, dass der SDS »die spezifische Problematik der Frauen« begreifen müsse. Als der nächste Redner, der Frankfurter Genosse und bedeutende Theoretiker des SDS, Hans-Jürgen Krahl, nicht auf den Beitrag Sanders einging, wurde er mit Tomaten beworfen.

Wielandstraße 27, 10707 Berlin

KINDERLÄDEN UND ANTI-AUTORITÄRE ERZIEHUNG

CHARLOTTENBURGER KINDERLADEN

Eine der Errungenschaften der antiautoritären Protestbewegung, die bis heute Bestand hat, ist die Einrichtung von Kinderläden. Sie gehen auf die Initiative des *Aktionsrats zur Befreiung der Frauen* zurück. Die Kinderläden sollten zum einen als Selbsthilfeeinrichtungen die Frauen entlasten. Darüber hinaus wollten die Frauen mit ihren Initiativen auch die öffentliche Erziehung im antiautoritären Sinne verändern. Pädagogisches Ziel war es, die Kinder zu befähigen, missliebige Umstände zu kritisieren und althergebrachte autoritäre Strukturen zu hinterfragen, ihre eigenen Bedürfnisse zu erkennen, diesen nachzukommen und entsprechend selbstbestimmt zu handeln.

Die Bezeichnung »Kinderladen« geht auf die Tante-Emma-Läden zurück, die damals wegen der Errichtung von Supermärkten oft leer standen und günstig zu mieten waren. Die ersten Berliner Kinderläden wurden Anfang 1968 eingerichtet – im Mai des Jahres bestanden drei Läden, im Februar 1969 arbeiteten bereits 15 Gruppen. Die Räume des Charlottenburger Kinderladens lagen in der Jebensstraße im 5. und 6. Stockwerk unter dem Dach. Zu den Absichten, die mit der Einrichtung verbunden waren, heißt es in einer Selbstdarstellung: »Allgemein lässt sich sagen, dass das Charlottenburger Programm daran orientiert war, die Deformationen, die die Kinder aus der Kleinfamilie mitbrachten, durch therapeutische Möglichkeiten soweit wie möglich zu beseitigen. Das Ziel der ersten Zeit war, ihre mitgebrachten individuellen Fixierungen und Spielhemmungen im gemeinsamen Spiel aufzuheben und individuelle Regression und Neuverarbeitung früherer Entwicklungsphasen zu fördern.« Zur Unterstützung der Selbstständigkeit der Kinder wurden diese beispielsweise bei der Zubereitung des Mittagessens

Kinderladen Bethanienhaus in Berlin-Kreuzberg

soweit es ging einbezogen. Die Kinder kamen mit zum Einkauf, was mit einem Spaziergang verbunden war, wobei ihr Verhalten im Straßenverkehr gefördert werden konnte. Auch der Mittagsschlaf wurde anders als in öffentlichen Kindergärten praktiziert: Die Kinder, die schlafen wollten, hielten einen Mittagsschlaf, die anderen verbrachten den Nachmittag mit Spielen, wobei es zwischendurch Kuchen, Kakao und Obst gab.

Die Idee zur Einrichtung selbst organisierter Kinderläden, in denen eine andere Erziehung der Kinder als in öffentlichen Kindergärten erfolgen sollte, war ein durchschlagender Erfolg. In der Folge entstanden in der gesamten Bundesrepublik Kinderläden und ihre Attraktivität für Eltern hält bis heute an.

Jebensstraße 1, 10623 Berlin

47

»HERSTELLUNG EINES MOLOTOW-COCKTAILS«

AUDIMAX DER TU BERLIN

Am 1. Februar 1968 wurden im Rahmen einer Veranstaltung der Kritischen Universität erstmals die Ergebnisse von Arbeitskreisen vorgestellt, die zur *Springer-Kampagne* arbeiteten. Rudi Dutschke etwa warf dem Großverleger Axel Springer vor, dass sein Unternehmen die Menschen manipuliere und erklärte:»Wir werden in einem Pressetribunal den empirischen Nachweis führen, dass die Volksverhetzung und Entmündigung der Menschen durch Manipulation bei uns die Ergänzung zum Völkermord in Vietnam darstellt. Der tägliche Gang zum ›BILD‹- oder ›B.Z.‹-Kiosk gehört zur Lebensweise des verwalteten Individuums.« Ein Springer-Tribunal sollte deshalb die manipulativen Machenschaften des Konzerns öffentlich aufdecken und verurteilen.

Die inhaltlichen Argumente gegen die Medienmacht des Springer-Konzerns gerieten bei dem Hearing im Audimax der TU Berlin jedoch schlagartig in den Hintergrund, als das SDS-Mitglied Holger Meins, Student an der Deutschen Film- und Fernsehakademie, einen fünfminütigen Stummfilm aufführte: Der Film zeigte im Detail die Herstellung eines Molotow-Cocktails. Damit war das Ende der Springer-Kampagne vorgezeichnet. Peter Schneider, der das Springer-Tribunal maßgeblich organisiert hatte, erklärte zu den Folgen des Films:»Es war klar, dass es nicht nur um die Herstellung des Cocktails ging, sondern dass es auch eine Adresse dafür gab. In derselben Nacht wurden denn auch sieben, acht, neun, zehn Schaufensterscheiben von Springerfilialen eingeworfen mit Steinen, eingewickelt in Flugblätter, auf denen stand: Enteignet Springer! Diese Aktion führte dazu, dass alle, um die ich mich seit Monaten bemüht hatte, von denen ich Zusagen und Geld bekommen hatte, sofort absagten.«

Hauptgebäude der TU Berlin, neuer Nordflügel mit Audimax, Ende 1960er-Jahre

Zwar konnte das Springer-Tribunal nicht wie angedacht stattfinden. Doch der Medienkonzern geriet zu Ostern 1968 wieder in den Fokus des studentischen Protests, nachdem Rudi Dutschke bei einem Attentat lebensgefährlich verletzt worden war. Als geistige Brandstifter für den Mordanschlag machten die Studenten die Springer-Medien aus.

Der Filmemacher Holger Meins seinerseits radikalisierte sich im Verlauf der weiteren Entwicklung der Protestbewegung zusehends, zog 1969 in die Kommune I, arbeitete für die Underground-Zeitschrift *Agit 883* und schloss sich im Herbst 1970 der RAF an. Meins starb während eines Hungerstreiks von RAF-Gefangenen im Herbst 1974. Die französischen Filmemacher Jean-Marie Straub und Danièle Huillet urteilten über Holger Meins' künstlerische Begabung im Rückblick: »Er hätte eine große Karriere vor sich gehabt, weil er zu den besten jungen Kameraleuten der Bundesrepublik gehörte.«

Technische Universität Berlin, Straße des 17. Juni 135, 10623 Berlin

»FÜR DEN SIEG DER VIET-NAMESISCHEN REVOLUTION«

AUDIMAX DER TU BERLIN

Am 17. und 18. Februar 1968 tagte an der TU Berlin der Internationale Vietnam-Kongress. Er zeigte ein neues, »revolutionäres« Selbstverständnis der Studentenbewegung. Eingeladen zu der Veranstaltung hatte der SDS-Bundesvorstand. Inhaltlich vorbereitet wurde der Kongress vom »Internationalismus-Arbeitskreis« des Berliner SDS um Rudi Dutschke und Gaston Salvatore. Die zentralen Veranstaltungen fanden im Audimax der TU statt. Dort empfing die Teilnehmer ein riesiges Transparent mit dem Motto der Veranstaltung: »Für den Sieg der vietnamesischen Revolution.« Entsprechend äußerten sich die studentischen Redner aus Westeuropa, der Türkei und den USA in ihren Beiträgen. So erklärte etwa Dale A. Smith, der Vertreter des afroamerikanischen Studentenverbandes SNCC, die Studenten müssten nun den Schritt vom »Protest zum Widerstand« vollziehen. Im Mai 1968 griff die Journalistin und spätere RAF-Angehörige Ulrike Meinhof in einem viel beachteten Artikel in der Zeitschrift konkret mit dem Titel Vom Protest zum Widerstand die Position von Smith beim Vietnam-Kongress auf. Unter Bezugnahme auf den Black Power-Anhänger Smith rechtfertigte sie die politische Radikalisierung der deutschen Studentenbewegung.

Prominente Unterstützung erhielten die Teilnehmer des Kongresses durch zahlreiche Schriftsteller und Intellektuelle wie Ingeborg Bachmann, Ernst Bloch, Noam Chomsky, Günter Eich, Hans Magnus Enzensberger, Helmut Gollwitzer, Hans Werner Henze, Herbert Marcuse, François Maspero, Ulrike Meinhof, Fritz J. Raddatz, Jean-Paul Sartre, Klaus Wagenbach, Martin Walser und Peter Weiss. Sie erklärten in ihrem Aufruf zum Kongress: »Vietnam ist das Spanien unserer Generation. Wir dürfen nicht durch Schweigen oder Neutralität gegen-

Internationaler Vietnam-Kongress im Auditorium maximum der TU Berlin, 17. Februar 1968

über dem revolutionären Kampf des vietnamesischen Volkes Schuld auf uns laden.«

Die internationalen Teilnehmer des Vietnam-Kongresses sollten auch durch den vier Monate zuvor ermordeten lateinamerikanischen Revolutionär Ernesto Che Guevara motiviert werden: »Die Pflicht jedes Revolutionärs ist es, die Revolution zu machen.« So lautete ein Motto, das von Guevara stammte, auf dem riesigen Transparent im Audimax der TU. Guevara hatte damit zum Ausdruck bringen wollen, dass man nicht auf die objektiven Bedingungen für eine Revolution warten müsse. Vielmehr könnte auch eine relativ kleine Gruppe von entschlossenen Revolutionären eine politische Umwälzung herbeiführen – ein Gedanke, der den engagierten Studenten sicherlich gefiel, waren sie doch im Verhältnis zur Gesamtbevölkerung ihrer Herkunftsländer immer nur eine kleine Minderheit.

Technische Universität Berlin, Straße des 17. Juni 135, 10623 Berlin

DAS ATTENTAT AUF RUDI DUTSCHKE

SDS-ZENTRUM AM KURFÜRSTENDAMM

Er war einer der politischen Vordenker der Studentenbewegung und gab ihr ein Gesicht: Rudi Dutschke, geboren in Luckenwalde (Brandenburg), floh aus der DDR und studierte seit 1961 an der FU Berlin. Hier setzte er sich mit den Klassikern der marxistischen Theorie und mit philosophischen Texten auseinander. Im Mai 1964 schloss sich Dutschke zusammen mit Bernd Rabehl der *Subversiven Aktion* an, einer gesellschaftskritischen und an der Frankfurter Schule orientierten Gruppierung, die ursprünglich von Dieter Kunzelmann u. a. in München gegründet worden war. Als studentischer Aktivist trat Dutschke bereits im Dezember 1964 auf den Plan. Er beteiligte sich an den Protesten gegen den Besuch von Moise Tshombé, dem die Beteiligung an der Ermordung des ersten Ministerpräsidenten der unabhängigen Republik Kongo, Patrice Lumumba, vorgeworfen wurde. Bei der Demonstration wurde das Auto von Tshombé mit Tomaten beworfen – ein Umstand, den Dutschke im Rückblick als »Beginn unserer Kulturrevolution« bezeichnete. Im Januar 1965 trat er in den Berliner SDS ein und wurde schnell zu einem seiner führenden Köpfe. Dutschke war auch an den Diskussionen um die Gründung der Kommune I beteiligt, schloss sich dieser jedoch nicht an. Spätestens mit dem SPIEGEL-Cover vom Dezember 1967, das den »Revolutionär Dutschke« abbildete, wurde er bundesweit zum Repräsentanten der Studentenbewegung.

Seine exponierte Stellung als Wortführer der Studentenbewegung wurde Rudi Dutschke an Gründonnerstag 1968 zum Verhängnis, als ihn der 23-jährige Hilfsarbeiter Josef Bachmann vor dem SDS-Zentrum am Kurfürstendamm durch drei Schüsse lebensgefährlich verletzte. Dutschke überlebte seine schweren Kopfverletzungen nach einer

Auf dem Kurfürstendamm nach dem Attentat auf Rudi Dutschke, 12. April 1968

fünfstündigen Operation im Krankenhaus Westend, eignete sich müh-
sam wieder die Sprache an und lehrte an der Universität Aarhus. Ende
der 1970er-Jahre war er am Prozess der Gründung der GRÜNEN beteiligt. Zu Weihnachten 1979 verstarb er an den Spätfolgen des Attentats.
Dutschke wurde auf dem St.-Annen-Kirchhof in Dahlem beigesetzt.
Am Ort des Attentats am Kurfürstendamm befindet sich heute eine Ge-
denktafel. Wie kein zweiter hat Rudi Dutschke den Weg der deutschen
Studentenbewegung geprägt.

Kurfürstendamm 141, 10709 Berlin

»SPRINGER – MÖRDER!«

SPRINGER-HOCHHAUS

Das Attentat auf Rudi Dutschke löste einen weiteren Mobilisierungsschub für die Studentenbewegung aus. Die studentischen Aktivisten erachteten das Attentat als »Konsequenz der systematischen Hetze, welche Springerkonzern und Senat in zunehmendem Maße gegen die demokratischen Kräfte dieser Stadt betrieben haben«. Noch am Abend des Attentats kamen im Audimax der TU Berlin etwa 2 500 APO-Aktivisten zusammen und beschlossen, zum Springer-Hochhaus in der Kochstraße zu ziehen. Dort skandierten die Demonstranten »Rudi Dutschke« und »Springer – Mörder«, durchbrachen eine Polizeikette und drangen in die Eingangshalle des Konzerns ein. Die Auseinandersetzungen zwischen Demonstranten und der Polizei weiteten sich binnen kurzer Zeit zu einer Straßenschlacht aus. Auf dem Parkplatz des Springer-Konzerns wurden Auslieferungsfahrzeuge umgestürzt und in Brand gesetzt. Die dabei entstandenen Fotos galten der Presse vielfach als Beweis für die Gewaltbereitschaft der Studentenbewegung. Was damals nicht bekannt war: Der Berliner Verfassungsschutz hatte mit Peter Urbach einen V-Mann unter den studentischen Demonstranten platziert. Als Agent Provocateur verteilte Urbach Molotow-Cocktails unter den Demonstranten und zeigte ihnen, wie die Springerfahrzeuge umzukippen waren, damit Benzin austrat. Die BILD-Zeitung schrieb anschließend vom »Terror nach dem Attentat«. In den folgenden Ostertagen kam es zu zahlreichen Straßenschlachten an den Auslieferungstoren der Springer-Druckereien. An den Blockaden beteiligten sich über 60 000 Menschen.

Auch in zahlreichen weiteren Städten versuchten Demonstranten, die Auslieferung von Presseerzeugnissen des Springer-Konzerns zu

Ausschreitungen vor dem Axel-Springer-Verlag nach dem Attentat auf Rudi Dutschke, 12. April 1968

verhindern. In Rom, Mailand, Oslo, Paris, Brüssel, Amsterdam, Wien, Prag, Stockholm und London kam es zu Protestaktionen wegen des Attentats auf Rudi Dutschke vor deutschen Botschaften und Konsulaten.

Das Springer-Hochhaus befindet sich an der Kreuzung der heutigen Rudi-Dutschke-Straße/Axel-Springer-Straße in Kreuzberg. 2008 war ein Teil der Kochstraße in Rudi-Dutschke-Straße umbenannt worden.

Axel-Springer-Straße 65, 10888 Berlin

»DREI KUGELN AUF RUDI DUTSCHKE«

WOHNUNG VON WOLF BIERMANN

Die Schüsse auf Rudi Dutschke hallten auch in Ost-Berlin wider: In seiner Wohnung in der Chausseestraße 131 komponierte Wolf Biermann das Lied *Drei Kugeln auf Rudi Dutschke*. Auf Tonband aufgenommen, gelangte es rasch nach West-Berlin, wo es über Lautsprecher bei studentischen Demonstrationen gespielt wurde. Biermann schreibt dazu in seiner Autobiografie:»Schlag auf Schlag, von Ost nach West, von West nach Ost. War diese historische Koinzidenz etwa Zufall? Es fühlte sich an, als ob auf beiden Seiten des Eisernen Vorhangs in Europa eine unterirdisch verbundene Renaissance der Revolution sich Bahn bricht.« Der Ost-Berliner regimekritische Liedermacher und der West-Berliner Studentenführer waren sich auch persönlich verbunden.

Wolf Biermanns Wohnung in der Chausseestraße war ein Ort, an dem Literaten, Künstler und Oppositionelle aus Ost und West zusammenkamen – Sarah Kirsch, Helga M. Novak, Manfred Krug waren hier ebenso wie Joan Baez, Udo Lindenberg, Herbert Marcuse, Rudi Dutschke und Robert Havemann sowie die jüngere Rebellengeneration wie Hans Uszkoreit, Florian und Frank Havemann. Der Prager Frühling und Alexander Dubčeks Vision vom *Sozialismus mit menschlichem Antlitz* begeisterten Biermann und ließen ihn auf politische Reformen auch in der DDR hoffen. In der Chausseestraße dichtete er das Lied *In Prag ist Pariser Kommune*. Nach dem Einmarsch der Truppen der Warschauer Paktstaaten in die ČSSR diente das Lied als Grundlage für Flugblätter gegen die Intervention. Thomas Brasch kopierte das Lied und klebte den Text an Hauswände, einen sogar an ein abgestelltes Polizeifahrzeug:

Wolf Biermann in seiner Wohnung in der Chausseestraße 131

»In Prag ist Pariser Kommune, sie lebt noch
Die Revolution macht sich wieder frei
Marx selber und Lenin und Rosa und Trotzki
stehen den Kommunisten bei [...]
Wir atmen wieder, Genossen. Wir lachen
die faule Traurigkeit raus aus der Brust
Mensch, wir sind stärker als Ratten und Drachen
Und hattens vergessen und immer gewusst«

Aus Angst vor einer Verhaftung rasierte sich Biermann nach dem Einmarsch den Bart ab und tauchte bei Bekannten unter. Einige Tage später verließ er sein Versteck wieder und traf sich mit seinem Freund Robert Havemann: »Hatte ich, hatte Robert nun endlich den alten Kinderglauben an den Kommunismus verloren? Viele linke Zeitgenossen: ja. Aber wir nicht. Wir kamen ja schon von weiter her und brauchten noch etwas Zeit.«

Chausseestraße 131, 10115 Berlin

»ROSA-LUXEMBURG-INSTITUT«

GERMANISCHES SEMINAR DER FU BERLIN

Im Mai 1968 spitzte sich ein innenpolitischer Konflikt zu, der die APO bereits seit Jahren zu Protestaktionen veranlasst hatte: Die Große Koalition plante mit ihrer Zweidrittelmehrheit im Bundestag die Verabschiedung der Notstandsgesetze. Durch die Notstandsverfassung sollen den Staatsorganen in politischen Krisensituationen Handlungsmöglichkeiten eröffnet werden. Gewerkschafter, Wissenschaftler und Studenten sahen allerdings durch die geplanten Gesetze die Demokratie selbst in Gefahr. Auftakt der Kampagne gegen die Notstandsgesetze bildete der Kongress *Notstand der Demokratie* in Frankfurt am Main am 30. Oktober 1966 mit über 5 000 Teilnehmern.

Kurz vor der dritten Lesung der Notstandsgesetze im Deutschen Bundestag gab es in der gesamten Bundesrepublik und in West-Berlin nochmals verstärkt Protestaktionen. An der FU besetzten am 27. Mai 1968 etwa 100 Mitglieder der *ad-hoc-Gruppe Germanistik* und des SDS das Germanische Seminar und benannten es in *Rosa-Luxemburg-Institut* um. In einem Flugblatt erklärten sie:»Die Notstandsgesetze stellen jede substantielle Kritik vor die Waffen der Bundeswehr. Dass die Transformation der Demokratie in den Notstandsstaat sich in schamloser Hast vollzieht, ist nicht nur Folge des Zynismus der Herrschenden, sondern auch Folge der Angst vor der außerparlamentarischen Opposition. ES GIBT NUR EINE PRAKTISCHE ANTWORT AUF DIE FASCHISIERUNG DER GESELLSCHAFT: DIE ORGANISATION DES WIDERSTANDES.« Die Institutsbesetzer sperrten die Professoren aus, verbarrikadierten sich in dem Gebäude und hissten die rote Fahne auf dem Dach. Fritz Teufel und Dieter Kunzelmann von der Kommune I agierten von hier aus als Diskjockeys des Senders Rosa Luxemburg.

Das Germanische Seminar der FU Berlin während der Besetzung durch Studenten, 29. Mai 1968

Widerstand gegen die Besetzung kam allerdings nicht von staatlicher Seite – in der Nacht zum 28. Mai unternahmen etwa 200 nationaldemokratische und inkorporierte Studenten, insbesondere von der Juristischen Fakultät, den Versuch, die Barrikaden der Institutsbesetzer zu stürmen, was diese jedoch verhinderten. Die Institutsbesetzung hielt mehrere Wochen an und aus den Aktivisten entwickelte sich später die erste Rote Zelle an der FU als *Rote Zelle Germanistik* (ROTZEG). Viele ihrer Mitglieder gründeten dann im Frühjahr 1970 die maoistisch ausgerichtete und ihrem Selbstverständnis nach revolutionäre *KPD-Aufbauorganisation* (KPD/AO).

Freie Universität Berlin, Boltzmannstraße 3, 14195 Berlin

PROTEST GEGEN DIE NIEDERSCHLAGUNG DES »PRAGER FRÜHLINGS«

TSCHECHOSLOWAKISCHE MILITÄRMISSION

Am 21. August 1968 marschierten Truppen des Warschauer Paktes – ohne Beteiligung der DDR – in die Tschechoslowakei ein, um der Entwicklung eines eigenständigen *Sozialismus mit menschlichem Antlitz* ein Ende zu setzen. Die Intervention rief weltweit Proteste hervor. In West-Berlin verabschiedeten u. a. die Studentenverbände SDS und SHB einen offenen Brief an die Zentralkomitees der intervenierenden Staaten. Darin kritisieren die Studentenorganisationen, dass »weder der Vernichtungskrieg der US-amerikanischen Imperialisten gegen die revolutionäre Bewegung in Südvietnam, noch die Terrorangriffe der US-Luftwaffe gegen das sozialistische Nordvietnam« es vermocht hätten, »die Streitkräfte des Warschauer Pakts in Marsch zu setzen«. Dagegen würden diese Streitkräfte nun unter »fadenscheinigen Gründen« in die ČSSR einmarschieren und dort »alle Chancen für eine wirklich kommunistische Entwicklung« abschneiden.

Nach einer Diskussionsveranstaltung des AStA der TU und der FU im Audimax der TU mit etwa 1 200 Beteiligten formierte sich am Nachmittag eine Demonstration zur Militärmission der Tschechoslowakei in der Podbielskiallee, der auf 4 000 Personen anwuchs. Die Demonstranten trugen Transparente mit den Aufschriften *Wir grüßen Dubček und die KP der ČSSR, Sowjetunion – Imperialist Nr. 2* und skandierten Sprechchöre wie *Dubček, Svoboda!* und *Amis raus aus Vietnam, Russen raus aus Prag!* Studenten übergaben dem Leiter der Militärmission, Dr. Kreplak, den offenen Brief an die Zentralkomitees der intervenierenden Staaten, den dieser als »sehr vernünftige Erklärung« bezeichnete.

Die Intervention in der ČSSR rief in West-Berlin allerdings keine weiteren großen Protestaktionen hervor. Rudi Dutschke erklärte im

Demonstration auf dem Kurfürstendamm gegen die Besetzung der Tschechoslowakei, 28. August 1968

Rückblick, dass das entscheidende Ereignis des Jahres 1968 in Europa nicht Paris, sondern Prag gewesen sei: »Damals waren wir unfähig, dies zu sehen.« Noch deutlicher in seiner Kritik an den fehlenden studentischen Protesten angesichts der Militärintervention in der ČSSR wurde Günter Grass in einer Rede am 8. September 1968 im Stadttheater von Basel: »Aber nicht Vaculík und Havel hießen die Vorbilder der Berliner und Pariser Studenten, vielmehr traf man eine fotogen-ästhetische Wahl: der argentinische Berufsrevolutionär Che Guevara wurde bis zum Pin-up-Format vergrößert. Mit anderen Worten: während die tschechoslowakischen Reformer bei widrigsten Umständen ihre Reform zu etablieren versuchten, gefiel sich die westliche radikale Linke in romantisch-revolutionärer Gestik.«

Tschechoslowakische Militärmission / heute: Lessing Hochschule e.V.,
Podbielskiallee 54, 14195 Berlin

»DUBČEK!«

STAATSBIBLIOTHEK

Aus Protest gegen den Einmarsch der Truppen des Warschauer Paktes in der Tschechoslowakei schrieben Frank Havemann und Hans Uszkoreit in der Nacht des 21. August 1968 den Namen der Leitfigur des Prager Frühlings an vier Häuserwände: *Dubček!* Nach ihrer letzten Aktion wurden sie von Volkspolizisten am Schiffbauerdamm verhaftet, ins Polizeigefängnis in der Keibelstraße gebracht und anschließend in das Stasigefängnis nach Hohenschönhausen überführt. Hans Uszkoreit hatte morgens von der Intervention erfahren und sich sogleich mit Freunden an verschiedenen Protesten beteiligt: Den ganzen Tag über schrieben sie Flugblätter und gegen Abend wollten sie vor der Sowjetischen Botschaft in der Straße Unter den Linden demonstrieren. Allerdings waren dort weit mehr Volkspolizisten als Oppositionelle, sodass die Demonstration frühzeitig unterbunden wurde.

Hans Uszkoreit war wie viele andere, die gegen die Intervention in die ČSSR protestierten, ein Kind von Eltern, die der DDR-Politikprominenz angehörten – Hans-Georg Uszkoreit war Hauptabteilungsleiter für Musik im Ministerium für Kultur. Bereits als Jugendlicher rebellierte Hans Uszkoreit gegen die gesellschaftlichen Zwänge in der DDR. Ein wichtiges Ausdrucksmittel für diesen Protest war die Musik. Als er in seiner Schule eine Wandzeitung über Bob Dylan und Donovan präsentierte, wurde er als »bürgerlicher Jugendlicher« und »irregeleiteter Pazifist« gerügt. Uszkoreit verweigerte die vormilitärische Ausbildung, trug lange Haare und produzierte mit Freunden Aufnahmen von Tonbändern, auf denen Musik mit regimekritischen Texten gemischt wurde, die zum Nachdenken anregen sollten. Tonbänder hatten gegenüber Flugblättern den Vorteil, dass sie nicht sofort als systemkritisch

Die Staatsbibliothek Unter den Linden, 1960er-Jahre

erkannt werden konnten. Zum Ende des 11. Schuljahres flog Uszkoreit als 17-Jähriger aus »disziplinarischen« Gründen von der Schule.

Am Vorabend der Intervention war Hans Uszkoreit zusammen mit Nina Hagen im Kino gewesen, wo *Manche mögen's heiß* von Billy Wilder lief. Anschließend traf man sich in Wolf Biermanns Wohnung, der dort sein Lied von der Prager Kommune vortrug. Uszkoreit wurde für seine Aktion gegen den Einmarsch der Truppen des Warschauer Paktes zu 15 Monaten Gefängnis verurteilt. Da er sich beharrlich den Anwerbungsversuchen der Stasi verweigerte, musste er seine Haftstraße bis zum letzten Tag absitzen. Zusammen mit Rosita Hunzinger floh er anschließend nach Westdeutschland. An seine Aktion zusammen mit Frank Havemann erinnert heute eine Gedenkstele an der Rückseite der Staatsbibliothek.

Staatsbibliothek zu Berlin (Rückseite), Dorotheenstraße 27, 10117 Berlin

»HÄNDE WEG
VOM ROTEN PRAG!«

MINISTERIUM FÜR STAATSSICHERHEIT

Als die Truppen der Warschauer Paktstaaten in die ČSSR einmarschierten, machte Thomas Brasch mit seiner Freundin Sanda Weigl gerade Urlaub an der Ostsee. Brasch studierte an der Filmhochschule in Babelsberg und wohnte in der Boxhagener Straße in Friedrichshain. Am Vormittag des 21. August 1968 versuchte er vergeblich, in Ahrenshoop eine Ausgabe des *Neuen Deutschland* zu kaufen. Erst durch eine Radiomeldung erfuhr er von der Intervention und beschloss sofort, mit seiner Freundin nach Berlin zu trampen. Am nächsten Tag trafen sich die beiden zunächst in der Buchhandlung *Das gute Buch* am Alexanderplatz mit Erika Berthold und schrieben dann in Sanda Weigls Wohnung – zusammen mit Vladimir Weigl, Rosita Hunzinger und Juliana Grigorowa – mit Filzstift Parolen wie *Hände weg vom roten Prag!*, *Stalin lebt!* und *Ein Dubček für die DDR!*. Eigentlich wollte sich Thomas Brasch am Abend mit Florian Havemann am *Kino International* in der Karl-Marx-Allee treffen. Doch Havemann war bereits auf dem Weg dorthin verhaftet worden. Brasch kehrte in die Wohnung von Weigl zurück, wo die Gruppe noch etwa 400 Flugblätter schrieb, die sie in der Nacht in der Friedrichstraße und in Prenzlauer Berg in Briefkästen warfen und an S- und U-Bahnhöfen auslegten.

Im Verlauf der nächsten Tage wurden die Flugblattschreiber verhaftet. Im Fall von Thomas Brasch erfolgte die Verhaftung unter besonderen Umständen: Er wurde in der Wohnung seiner Eltern festgenommen – nachdem ihn sein Vater angezeigt hatte. Horst Brasch war SED-Funktionär und stellvertretender Minister für Kultur der DDR.

Thomas Brasch wurde in das Untersuchungsgefängnis des Ministeriums für Staatssicherheit (Stasi) in der Magdalenenstraße gebracht

Wolf Biermann vor dem Staatssicherheitsgebäude in der Magdalenenstraße

und verhört. In dem weitläufigen Areal um die Frankfurter Allee, Magdalenen-, Normannen- und Ruschestraße befand sich die Zentrale des DDR-Unterdrückungsapparats. Brasch erklärte dort, dass er die Politik der tschechoslowakischen KP für richtig erachte – sie würde die »Voraussetzungen für einen demokratischen Sozialismus« schaffen: »Mit dieser Handlung verfolgte ich das Ziel, andere Bürger anzuregen, sich über die genannten Maßnahmen Gedanken zu machen und sie zu veranlassen, in Diskussionen gegen die Maßnahmen der sozialistischen Staaten Stellung zu nehmen.« Zugleich betonte Brasch, dass er den Sozialismus als Staatsform prinzipiell unterstütze. Am 23. Oktober wurde Brasch wegen staatsfeindlicher Hetze zu zwei Jahren und drei Monaten Gefängnis verurteilt. Unter Bewährungsauflagen wurde er schließlich im November 1968 aus der Haft entlassen. Thomas Brasch starb 2010 und ist auf dem Dorotheenstädtischen Friedhof beigesetzt.

Stasimuseum Berlin, Ruschestraße 103, 10365 Berlin

»HOCH DUBČEK«

WOHNUNG DER ELTERN VON BETTINA WEGNER

Von der Intervention der Warschauer Paktstaaten in die ČSSR erfuhr Bettina Wegner über das Westfernsehen. Am Tag darauf kaufte die Studentin der Staatlichen Schauspielschule (heute Hochschule für Schauspielkunst »Ernst Busch«) sämtliche erhältlichen Tageszeitungen, um sich über die Geschehnisse in Prag zu informieren. Die 19-Jährige war zutiefst empört. Am nächsten Tag kam Thomas Brasch, der Vater ihres knapp halbjährigen Kindes, in die Wohnung ihrer Eltern und erklärte ihr, dass er wohl bald wegen seiner Aktivitäten gegen die Intervention verhaftet würde. Sie sollte aber wegen des Babys keinesfalls etwas unternehmen. Doch für Bettina Wegner war klar, dass angesichts der »Ungeheuerlichkeit« der Intervention von »Bruderländern« in die ČSSR protestiert werden musste. Sie selbst hatte vor dem Hintergrund der dortigen Reformen auch auf politische Veränderungen in der DDR gehofft. Bislang war für Wegner klar gewesen, dass die DDR das bessere Deutschland sei – »ich hatte die Illusion, dass wir keine Nazis haben«. Sie war »von ganzem Herzen gegen den Krieg in Vietnam« und hoffte auf »Internationale Brigaden, die wie im Spanischen Bürgerkrieg nun zur Unterstützung der Revolution in Vietnam aufgestellt würden«.

Aber jetzt schrieb die Sozialistin in der Wohnung ihrer Eltern in der Elsa-Brändström-Straße 18 in Pankow handschriftlich Flugblätter, auf denen *Hände weg von Prag!, Stalin lebt* oder *Hoch Dubček* zu lesen war. In einer Kneipe unweit der Wohnung erzählte sie von ihrem Vorhaben, die Flugblätter zu verteilen. Zusammen mit einem Bekannten warf sie diese in der Vineta-, Mühlen- und Florastraße in Briefkästen und über die Mauer eines Industriebetriebs. Tags darauf wurde sie bei ihren Eltern verhaftet, zunächst in die Untersuchungshaftanstalt

*Die Liedermacherin und
Dichterin Bettina Wegner*

der Stasi in die Pankower Kissingenstraße gebracht und anschließend
für eine Woche in der zentralen Untersuchungshaftanstalt in Hohenschönhausen inhaftiert. In der Schauspielschule erhielt Bettina Wegner Hausverbot. Stattdessen musste sie sich eineinhalb Jahre in einer
Rummelsburger Relaisfabrik »in der Produktion bewähren«. »Richtig
traurig und enttäuscht« war Bettina Wegner darüber, dass »sich von
den Demonstranten in West-Berlin niemand für den Osten interessiert
hat«.

Elsa-Brändström-Straße 18, 13189 Berlin

»WAFFEN FÜR DAS REVOLUTIONÄRE VIETNAM«

KOMMUNE 1 OST

Die Idee, alternative Lebensformen in einer Kommune zu praktizieren, war Ende der 1960er-Jahre nicht nur im Westen en vogue: Im Frühsommer 1969 gründeten Erika Berthold und Frank Havemann sowie Franziska Groszer und Gert Groszer die Kommune 1 Ost. Erika Berthold, Tochter von Lothar Berthold, dem Direktor des Instituts für Marxismus-Leninismus und Mitglied der Ideologischen Kommission beim Politbüro des ZK der SED, und Frank Havemann, Sohn des bekannten Regimekritikers, hatten sich im August 1968 gegen die Intervention des Warschauer Paktes in die ČSSR engagiert. Sie waren dafür zu Bewährungsstrafen verurteilt worden. Berthold und Havemann verehrten die gleichen revolutionären Ikonen wie ihre Altersgenossen im Westen: »Auf unserem Balkon«, so Berthold, »hing ein riesengroßes Plakat von Che Guevara, der mit seiner revolutionären Pose über das halbe Wohngebiet drohte.« Dazu kamen Ho Chi Minh, Fidel Castro, Mao Zedong, Karl Marx und Herbert Marcuse.

Die Gründer der Kommune 1 Ost bezogen über Broschüren, Taschenbücher und andere Schriften vielfältige Anregungen aus dem Westen. Daneben kamen sie im Haus der Bildhauerin Ingeborg Hunzinger mit den Aktivisten der Kommune I Rainer Langhans und Fritz Teufel in Kontakt.

Auf diese Weise angeregt, bezogen Erika Berthold und Frank Havemann zusammen mit der Schriftstellerin Franziska Groszer und deren Ehemann im Frühsommer 1969 eine Dreieinhalb-Zimmerwohnung in Friedrichshain. Anders als die Kommunarden im Westen lehnten die Mitglieder der Kommune 1 Ost jedoch Interviews mit der (West-)Presse ab und ließen sich auch nicht fotografieren. Über das Experiment einer

Das Refugium der Kommune 1 Ost in der Samariterstraße 36

anderen Sexualmoral schreibt Erika Berthold im Rückblick: »Natürlich haben wir auch die sexuelle Revolution geprobt und es auch mal zu viert getrieben, mit diesem und mit jenem. Wenn ich heute daran denke, dann kommt mir das vor wie die Doktorspiele im Kindergarten, ein bisschen spannend, ein bisschen geil, aber nicht ernst. (...) Aber für mich waren diese Experimente wichtig, um zu erkennen, dass einen das nicht unbedingt selig macht.«

Im Hinblick auf den Vietnamkrieg positionierten sich die Ost-Kommunarden wie die radikalisierten Studenten im Westen: So hieß es im Herbst 1969 in einem Bericht der Stasi – die im Übrigen die Gruppe von Anbeginn beobachtete –, die K1 Ost beabsichtige, »als selbstständige Gruppe« an einer Kundgebung gegen den Vietnamkrieg auf dem August-Bebel-Platz teilzunehmen und habe dazu ein Transparent mit der Aufschrift *Waffen für das revolutionäre Vietnam* vorbereitet.

Samariterstraße 36, 10247 Berlin

69

»ES LEBE DAS ROTE PRAG!«

Ihre Wohnung galt als wichtiger Treffpunkt für Oppositionelle in Ost-Berlin: Die Bildhauerin Ingeborg Hunzinger führte in Rahnsdorf ein offenes Haus, in dem literarische Debatten und systemkritische Diskussionen stattfinden konnten. Hier trafen sich Heiner Müller, Manfred Krug, Wolf Biermann und Robert Havemann genauso wie ein Kreis junger politischer Rebellen um Thomas Brasch, Hans Uszkoreit, Florian und Frank Havemann, Rosita Hunzinger, Erika Berthold und andere. Viele Ideen der systemkritischen DDR-Opposition wurden in Hunzingers literarisch-politischem Salon entwickelt.

Angesichts der Bedeutung, die Hunzingers Haus als markanter Treffpunkt für regimekritische Menschen zukam, ist es nicht verwunderlich, dass es gerade hier am 27. Januar 1968 zu einer ost-westlichen Begegnung der besonderen Art kam: Die West-Berliner Kommunarden Dieter Kunzelmann, Fritz Teufel und Rainer Langhans sowie Rudi Dutschke diskutierten mit (angehenden) Ost-Berliner Kommunarden und deren Freunden über Möglichkeiten systemverändernder politischer Praxis. Allerdings erschienen die Vorschläge der West-Berliner Antiautoritären den Ost-Berliner Oppositionellen bisweilen sehr schulmeisterlich und wirklichkeitsfremd: So wurden die Ost-Berliner etwa angeregt, auf den Marx-Engels-Platz so große Parolen zu schreiben, dass sie vom Flugzeug aus zu lesen wären. Die West-Berliner Polit-Aktivisten zeigten offensichtlich wenig Einfühlungsvermögen in die Möglichkeiten oppositioneller Aktionen unter den Bedingungen des repressiven DDR-Staatsapparats.

Die Tochter Ingeborg Hunzingers, Rosita, verfasste nach der Intervention der Warschauer Paktstaaten in die ČSSR zusammen mit Tho-

Das Wohnhaus von Ingeborg Hunzinger in der Fürstenwalder Allee 12

mas Brasch, Erika Berthold und Sanda Weigl handgeschriebene Flugblätter mit Texten wie *Es lebe das rote Prag!* und *Warschauer Vertrag
raus aus Prag!* Nachdem Hans Uszkoreit seine Haftstrafe wegen seiner
Aktionen gegen die Intervention verbüßt hatte, floh er mit Rosita Hun-
ziger in die Bundesrepublik. Die Planungen dafür erfolgten in Ingeborg
Hunzingers Haus, von dort brachen sie auch zur Flucht auf.

Ingeborg Hunzingers wohl bekannteste Plastik steht in der Berliner
Rosenstraße: Der *Block der Frauen* erinnert an den Protest von Frauen
im Februar/März 1943 für die Freilassung ihrer jüdischen Männer. Die
etwa 2000 Männer wurden tatsächlich freigelassen – ob aufgrund des
Protests ihrer Frauen und Angehörigen oder wegen anderer Gründe ist
historisch umstritten. Ingeborg Hunzinger verstarb im Jahr 2009. Ihr
Grab befindet sich auf dem Alten Friedhof Wannsee.

Fürstenwalder Allee 12, 12589 Berlin

»SCHWEIGEDEMONSTRATION«

SOWJETISCHE BOTSCHAFT

Der Einmarsch der Warschauer Paktstaaten in die ČSSR führte in Ost-Berlin auch zum Versuch, eine Demonstration vor der sowjetischen Botschaft durchzuführen. Die Sicherheitskräfte unterbanden die »Schweigedemonstration« jedoch schon in ihren Ansätzen. Der Demonstrationsversuch hatte eine längere Vorgeschichte: Am 21. August, dem Tag der Intervention, diskutierte Toni Krahl mit zwei Freunden, wie man darauf reagieren könne. Der militärische Einmarsch geschehe nicht in ihrem Namen, so die jugendlichen Freunde, und sie beschlossen, dies auch kundzutun. Deshalb gingen die drei Freunde in die tschechoslowakische Botschaft in die Schönhauser Allee am Prenzlauer Berg. Dort wurden sie von einem Botschaftssekretär freundlich empfangen, dem sie ihre Ablehnung der Intervention bekundeten und ihre Solidarität erklärten. Doch die Freunde wollten mehr unternehmen. In den folgenden Tagen schrieben sie Zettel, auf denen zu einer Schweigedemonstration vor der sowjetischen Botschaft am 24. August um 16 Uhr eingeladen wurde. Die Zettel verbreiteten sie im Bekanntenkreis, in einschlägigen Cafés und Kneipen. Die sowjetische Botschaft war Anfang der 1950er-Jahre im Stil des sozialistischen Klassizismus errichtet worden. Am Nachmittag des 24. August versammelten sich auf dem Mittelstreifen Unter den Linden vor der sowjetischen Botschaft schweigend Gruppen von Personen, die oftmals eine kleine tschechoslowakische Fahne am Revers trugen. Die etwa 50 bis 60 Leute wurden von mindestens ebenso vielen Personen begleitet, die trotz ihrer zivilen Kleidung unschwer als Sicherheitskräfte zu identifizieren waren. Die beiden Gruppen beäugten sich misstrauisch, bis plötzlich Mannschaftswagen der Polizei vorfuhren

Die sowjetische Botschaft in Ost-Berlin

und die schweigenden Demonstranten, die nicht rechtzeitig fliehen konnten, festnahmen.

Toni Krahl konnte zunächst entkommen, wurde dann allerdings für den 13. September in die Stasi-Untersuchungshaftanstalt in der Kissingenstraße in Pankow einbestellt und dort verhaftet. Im November 1968 wurde er wegen »staatsfeindlicher Hetze« als Rädelsführer zur Höchststrafe von drei Jahren verurteilt, am 22. Dezember jedoch zur Bewährung entlassen. In Anerkennung seiner Aktivitäten gegen den Einmarsch der Warschauer Paktstaaten wurde Toni Krahl 2008 vom tschechischen Ministerpräsidenten Mirek Topolánek mit dem Karel-Kramar-Orden ausgezeichnet.

Sowjetische Botschaft / heute: Botschaft der Russischen Föderation, Unter den Linden 63–65, 10117 Berlin

DIE SCHLACHT
AM TEGELER WEG

LANDGERICHT BERLIN

Am 4. November 1968 kam es vor dem Ehrengericht der Berliner
Rechtsanwaltskammer im Landgericht auf Antrag des Generalstaats-
anwaltes beim Berliner Kammergericht zu einem Aufsehen erregen-
den Prozess: Das Ehrengericht hatte zu prüfen, ob der Rechtsanwalt
und APO-Aktivist Horst Mahler anlässlich der Osterunruhen in der
Folge des Mordanschlags auf Rudi Dutschke als »APO-Führer« seine
Anwaltswürde und -pflichten »schuldhaft verletzt« habe, als er sich
am Marsch auf das Springer-Hochhaus beteiligt hatte, und deshalb
mit Berufsverbot zu belegen sei. Der SDS rief deshalb am Tag des Ver-
fahrens zu einer Solidaritätsdemonstration vor dem Landgericht am
Tegeler Weg auf. Etwa 1000 Demonstranten kamen dem Aufruf nach.
Dann geschah etwas Beispielloses in der West-Berliner Nachkriegsgeschichte: Die Demonstranten griffen die Polizisten mit Pflastersteinen
an und versuchten in das Gerichtsgebäude zu gelangen. Es entwickelte
sich eine blutige Straßenschlacht, in deren Verlauf 130 Polizisten und
21 Studenten verletzt wurden.

Der SDS rechtfertigte anschließend in einem Flugblatt die Militanz
der Demonstranten als »Widerstand gegen die Polizei«. Die Studenten
hätten sich durch Anwendung von Gewalt aus der »Lage des dulden-
den Opfers« befreit. In Verkennung der realen politischen Verhältnisse erklärte der SDS weiterhin, dass dieser Widerstand nicht allein von
den APO-Aktivisten, sondern auch von den »lohnabhängigen Massen«
verstanden werde. Militanz sei im »Klassenkampf progressiv oder re-
aktionär nach den politischen Zielen« zu werten, denen sie diene. Politische Unterstützung erhielt die militante SDS-Position vom einstigen
Exponenten der Studentenbewegung, Rudi Dutschke, der sich langsam

Demonstration am Tegeler Weg gegen das Verfahren gegen Rechtsanwalt Horst Mahler, 4. November 1968

von dem Attentat an Gründonnerstag 1968 erholte. Dutschke stellte fest, dass »unsere Alternative zu der *herrschenden Gewalt*« die sich »steigernde *Gegengewalt*« sei. Der Theologe Helmut Gollwitzer, der mit Dutschke befreundet war und die Studentenbewegung mit großer Sympathie begleitete, kam einen Tag nach der Schlacht am Tegeler Weg bei einer SDS-Veranstaltung im Audimax der FU zu einem anderen Urteil: Da weder in West-Berlin noch in der Bundesrepublik gegenwärtig eine revolutionäre Situation bestehe, sei jede Gewalt gegen Personen inhuman: »Wer will, dass die studentische Bewegung zerfallen wird, der soll weiter solche Aktionen machen.«

Das Verfahren gegen Horst Mahler im Landgericht ging zugunsten des Beklagten aus: Das Ehrengericht der Berliner Anwaltskammer lehnte den Antrag auf Berufsverbot gegen den APO-Anwalt ab.

Landgericht Berlin, Tegeler Weg 17–21, 10589 Berlin

»NAZI, NAZI, NAZI!«

EINE OHRFEIGE FÜR DEN BUNDESKANZLER – KONGRESSHALLE

Am 7. November 1968 geschah etwas Unerhörtes in der Berliner Kongresshalle: Die 29-jährige deutsch-französische Journalistin Beate Klarsfeld schlug mit dem Handrücken beim CDU-Parteitag dem deutschen Bundeskanzler mit den Worten »Nazi, Nazi, Nazi« ins Gesicht. Zuvor hatte sie bereits am 2. April dem Bundeskanzler während seiner Rede im Bundestag von der Zuschauerempore aus zugerufen: »Nazi-Kiesinger, abtreten!« Kurt Georg Kiesinger, seit 1966 Kanzler der Großen Koalition, war 1933 in die NSDAP eingetreten und von 1940 an im Auswärtigen Amt tätig gewesen. Klarsfeld erklärte zur Begründung ihrer Tat in der Kongresshalle: »Ich habe den Bundeskanzler Kiesinger geohrfeigt, um zu beweisen, dass ein Teil des deutschen Volkes, ganz besonders seine Jugend, darüber empört ist, dass ein Nazi, der stellvertretender Abteilungsleiter der Hitlerschen Auslandpropaganda war, heute Bundeskanzler ist.«

Die Ohrfeige von Beate Klarsfeld stand im weiteren Zusammenhang der Auseinandersetzung der Studentenbewegung und der APO mit der nationalsozialistischen Vergangenheit der Elterngeneration. Ähnlich öffentlichkeitswirksam wie Klarsfelds Ohrfeige war ein Jahr zuvor der Auftritt von zwei Studenten an der Hamburger Universität gewesen, die bei der dortigen Rektoratsübergabe ein Transparent mit der Aufschrift: *Unter den Talaren – Muff von 1000 Jahren* gehalten hatten. Für die Studenten war die mangelnde Aufklärung von Verbrechen, die während des Nationalsozialismus begangen worden waren, und die Verstrickung ihrer eigenen Professoren mit dem Faschismus ein wesentliches Motiv für ihr politisches Engagement in der zweiten Hälfte der 1960er-Jahre.

Bundesparteitag der CDU in Berlin in der Kongresshalle, 4. November 1968

Der Ort, an dem Beate Klarsfeld Bundeskanzler Hans Georg Kiesinger ohrfeigte, war symbolträchtig: Von der amerikanischen Besatzungsmacht 1956/57 im Tiergarten errichtet, sollte die Kongresshalle
als Ort, an dem die freie Rede praktiziert werden konnte, die Position
des Westens verkörpern und auch architektonisch eine Antwort auf
die im sowjetischen Zuckerbäckerstil errichtete Ost-Berliner Stalinal-
lee geben.

Beate Klarsfeld wurde noch am Tag ihrer Ohrfeige in einem be-
schleunigten Verfahren zu einem Jahr Haftstrafe ohne Bewährung
verurteilt. Sie musste ihre Strafe, die später zur Bewährung ausgesetzt
wurde, nicht antreten. Heinrich Böll schickte Beate Klarsfeld einen
Strauß Rosen nach Paris.

Kongresshalle / heute: Haus der Kulturen der Welt,
John-Foster-Dulles-Allee 10, 10557 Berlin

ZENTRALRAT DER UMHERSCHWEIFENDEN HASCHREBELLEN

WIELAND-KOMMUNE

Sie war der Sammelpunkt des *Zentralrats der umherschweifenden Haschrebellen* und bildete die Keimzelle für die erste militante Stadtguerillagruppe in Berlin – die Wieland-Kommune in Charlottenburg. Zunächst als Wohngemeinschaft aus *Kapital*-Lesekreisen der FU entstanden, wurde die Wieland-Kommune 1969 zum Zentrum einer subkulturelle *scene*. Angemietet worden war die großzügige Acht-Zimmer-Altbauwohnung von Rechtsanwalt Otto Schily. Zu ihren Bewohnern zählten die späteren Aktivisten des *Zentralrats der umherschweifenden Haschrebellen* und der *Tupamaros West-Berlin* Georg von Rauch und Michael »Bommi« Baumann. In der Wieland-Kommune wurden die Schriften von Befreiungstheoretikern der Dritten Welt wie Ernesto Che Guevara, Régis Debray und Mao Zedong gelesen – Guevaras Motto »Schaffen wir 2, 3, viele Vietnam« wurde zum zentralen Motto der Kommune.

Vom Frühjahr 1969 an begann sich in der Wieland-Kommune der *Zentralrat der umherschweifenden Haschrebellen* zu formieren. Diese Bezeichnung war zur ironischen Abgrenzung gegenüber dem damals in West-Berlin um sich greifenden Gründungsfieber der maoistisch orientierten K-Gruppen gewählt worden. Zu ihrem Selbstverständnis erklärten die Haschrebellen, dass sie sich als »militanten Kern der Berliner Subkultur« begriffen und dem »Polizei- und Dezernatsterror den aktiven Kampf« ansagten. Die »Rebellen« kämpften »gegen das moderne Sklavenhaltersystem des Spätkapitalismus« und für die »eigene freie Entscheidung über Körper und Lebensform«. Die Haschrebellen lehnten Privatbesitz ab, konsumierten intensiv illegale Drogen und propagierten einen militanten Aktionismus. So riefen sie etwa unter

Wielandstraße 13: Von hier agierte der Zentralrat der umherschweifenden Haschrebellen (Wieland-Kommune)

dem Motto »Haschisch, Opium, Heroin für ein schwarzes West-Berlin!« am 5. Juli 1969 zu einem *Smoke-in* im Tiergarten auf. Dem Aufruf folgten einige hundert junge Menschen. Man traf sich hinter dem Zoo, rauchte Haschisch und machte Musik. Ihre militante Haltung brachten sie verbal beispielsweise anlässlich einer Anti-Vietnamkriegsdemonstration zum Ausdruck, bei der »kämpferische Solidarität mit den revolutionären Bewegungen der Dritten Welt: Vietcong, El Fatah, Tupamaros usw.« geübt werden sollte, »denn der erste Kern der Stadtguerillas in den westlichen Metropolen kann sich nur im Kampf entwickeln«. Dieses kämpferische Pathos suchten einige Haschrebellen dann als Tupamaros West-Berlin seit Herbst 1969 durch Anschläge umzusetzen.

Wielandstraße 13, 10629 Berlin

»SHALOM & NAPALM«

TUPAMAROS WEST-BERLIN

Im Sommer 1969 reisten aus dem Umfeld der Wieland-Kommune Dieter Kunzelmann, Georg von Rauch, Thomas Weisbecker, Albrecht Fichter u. a. in ein palästinensisches Flüchtlingslager in Jordanien, wo sie mit Angehörigen der Fatah politische Gespräche führten. Als die Gruppe Ende Oktober 1969 nach West-Berlin zurückkehrte, ereignete sich innerhalb der politischen Subkultur-Szene um die Wieland-Kommune nach Einschätzung von Bommi Baumann ein politischer Bruch: »Die Palästina-Fraktion innerhalb der Gruppe hat dann gesagt, die Geschichte, so wie sie jetzt läuft, hat keinen Sinn. Wir müssen sofort konkret mit dem bewaffneten Kampf anfangen.« Ihrem Selbstverständnis einer Stadtguerilla entsprechend, nannte sich die Gruppierung nach dem uruguayischen Vorbild fortan Tupamaros West-Berlin. Ihre militante Praxis richteten die Tupamaros aufgrund des engen Bezuges zur palästinensischen Fatah nicht länger an dem für die Studentenbewegung dominanten Thema Vietnamkrieg aus. Entsprechend wählte die Gruppierung ihr erstes Anschlagsziel – das Jüdische Gemeindehaus in Charlottenburg. Das Gemeindehaus geht auf eine Synagoge aus dem Jahre 1912 zurück, die in der Reichspogromnacht am 9. November 1938 in Brand gesteckt wurde. Seit 1959 dient ein Neubau der Jüdischen Gemeinde als Versammlungsort. Zum Jahrestag der nationalsozialistischen Novemberpogrome deponierten die Tupamaros West-Berlin 1969 eine Bombe im Jüdischen Gemeindehaus, wo an diesem Tag eine Gedenkveranstaltung stattfand. Die Bombe wurde am darauffolgenden Tag gefunden und konnte entschärft werden. Neben der Platzierung der Bombe beschmierten die Tupamaros West-Berlin auch mehrere jüdische Mahnmale mit den Aufschriften *Schalom und Napalm* und *Al*

Gemeindehaus der Jüdischen Gemeinde zu Berlin, 1967

Fatah. Zur Begründung dieser Aktionen führten sie in einem Flugblatt, das in der Szene-Zeitschrift *Agit 883* veröffentlicht wurde, an, dass das »rassistische und zionistische Israel mit Napalm, Phantoms und deutschen Panzern die Ölinteressen des Weltpolizisten im gesamten arabischen Raum« verteidigten. Dagegen habe der Kampf der Al Fatah »allen gezeigt, wie Imperialismus, Zionismus und das System in ihren eigenen Ländern zu bekämpfen sind«.

Der versuchte Bombenanschlag auf das Jüdische Gemeindehaus stieß allerdings nicht nur in der liberalen Öffentlichkeit auf Ablehnung, sondern befremdete auch die linksradikale Subkultur-Szene. Die Bombe im Jüdischen Gemeindehaus bildete den Auftakt für eine ganze Serie von Anschlägen der Tupamaros West-Berlin. Aus dieser Gruppierung ging im Januar 1972 die linksterroristische *Bewegung 2. Juni* hervor, das Pendant zur RAF in West-Berlin.

Jüdisches Gemeindehaus, Fasanenstraße 79–80, 10623 Berlin

BEFREIUNG VON ANDREAS BAADER

BIBLIOTHEK DES DEUTSCHEN ZENTRALINSTITUTS
FÜR SOZIALE FRAGEN

Am 14. Mai 1970 befreiten mehrere Bewaffnete Andreas Baader aus der Bibliothek des Deutschen Zentralinstituts für soziale Fragen und verletzten dabei den Institutsangestellten Georg Linke lebensgefährlich. Dies war die Geburtsstunde der Roten Armee Fraktion, die mit ihrem Terror bis zur Selbstauflösung 1998 die Bundesrepublik in Atem halten sollte. Baader hatte zusammen mit dem Berliner SDS-Mitgliedern Gudrun Ensslin, Thorwald Proll und Horst Söhnlein am Abend des 2. April 1968 in zwei Frankfurter Kaufhäusern Brandsätze gelegt. Es entstand hoher Sachschaden, Personen kamen dabei nicht zu Schaden. Zu den Motiven hatte Ensslin während des Prozesses gegen die Brandstifter erklärt:»Wir taten es aus Protest gegen die Gleichgültigkeit, mit der die Menschen dem Völkermord in Vietnam zusehen.«

Nachdem der Bundesgerichtshof die Revision des Urteils über drei Jahre Zuchthaus im November 1969 verworfen hatte, tauchten Andreas Baader und Gudrun Ensslin unter. In West-Berlin diskutierten sie im Kreis von Horst Mahler, Ulrike Meinhof u. a. die Möglichkeiten einer militanten Strategie. Dabei orientierten sie sich insbesondere an der Politik der US-amerikanischen Black Panther Party sowie an lateinamerikanischen Stadtguerilla-Gruppen. Baader wurde Anfang April 1970 wieder verhaftet. In der Gruppe um Ensslin fasste man daraufhin den Entschluss, ihn zu befreien. Hierzu wurde ein Besuch von Baader im Deutschen Zentralinstitut für soziale Fragen arrangiert, wo er sich in der Bibliothek mit der Journalistin Ulrike Meinhof treffen sollte. Die beiden gaben an, für ein Buch zur Organisation »randständiger Jugendlicher« zu arbeiten – eine Thematik, zu der Herbert Marcuse mit seinen Schriften den theoretischen Hintergrund geliefert hatte.

Deutsches Zentralinstitut für soziale Fragen, 14. Mai 1970

Was mit dem friedlichen Protest gegen den Vietnamkrieg 1966 begann, wurde nun von einer Splittergruppe militant fortgesetzt – der
bewaffnete Kampf in der Bundesrepublik, vorgeblich an der Seite des
Vietcong und anderer Befreiungsbewegungen der Dritten Welt. In einer Erklärung zur Befreiung Andreas Baaders mit dem Titel *Die Rote
Armee aufbauen!* heißt es: »Glaubten die Schweine wirklich, die Internationale sei tot? ›Vietnam ist das Spanien unserer Generation‹ sagten
wir 1968. Berlin ist ein Vorposten des amerikanischen Imperialismus.
Unser Feind und der Feind Südamerikas, der Feind des japanischen
und vietnamesischen Volkes, der Feind aller Schwarzen in den USA,
der Feind der Arbeiter von Berlin – der Feind ist der amerikanische
Imperialismus.«

Deutsches Zentralinstitut für soziale Fragen, Miquelstraße 83 /
heute: Bernadottestraße 94, 14195 Berlin

83

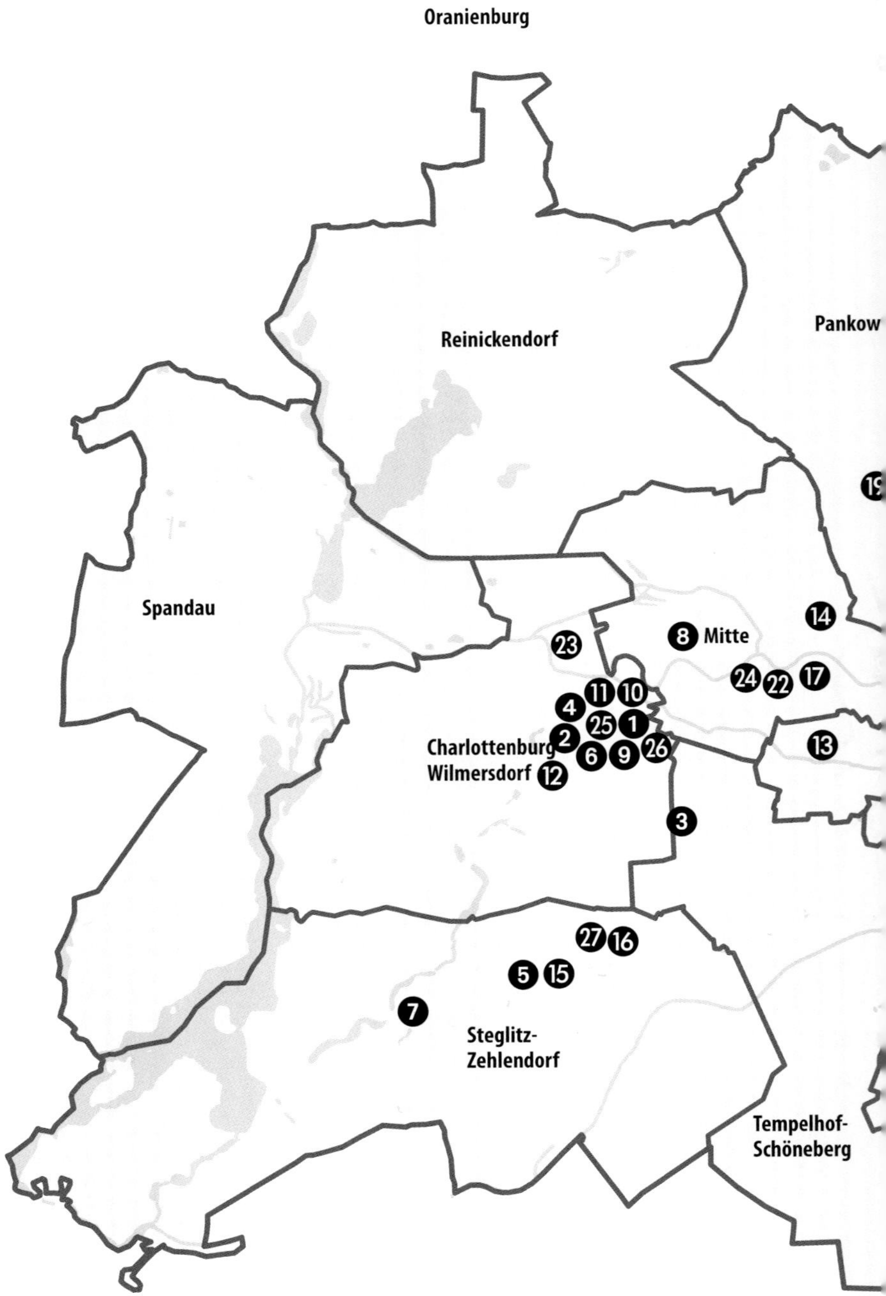

Oranienburg

Reinickendorf

Pankow

Spandau

19

Mitte

14

23

24 22 17

11 10

4

25 1

2

6 9 26

Charlottenburg
Wilmersdorf 12

13

3

27 16

5 15

7

Steglitz-
Zehlendorf

Tempelhof-
Schöneberg

❶ Amerika Haus, Hardenbergstraße 22
❷ Kommune I, Kaiser-Friedrich-Straße 54a
❸ Rathaus Schöneberg, John-F.-Kennedy-Platz
❹ Deutsche Oper, Bismarckstraße 35
❺ Audimax der FU Berlin, Henry-Ford-Bau, Garystraße 35
❻ Kurfürstendamm
❼ Clubhaus der FU Berlin, Goethestraße 49
❽ Kriminalgericht Moabit, Turmstraße 91
❾ Republikanischer Club, Wielandstraße 27
❿ Charlottenburger Kinderladen, Jebensstraße 1
⓫ Audimax der TU Berlin, Straße des 17. Juni 135
⓬ SDS-Zentrum am Kurfürstendamm, Kurfürstendamm 141
⓭ Springer-Hochhaus, Axel-Springer-Straße 65
⓮ Wohnung von Wolf Biermann, Chausseestraße 131
⓯ Germanisches Seminar der FU Berlin, Boltzmannstraße 3
⓰ Ehem. Tschechoslowakische Militärmission, Podbielskiallee 54
⓱ Staatsbibliothek zu Berlin, Dorotheenstraße 27
⓲ Ministerium für Staatssicherheit, Ruschestraße 103
⓳ Wohnung der Eltern von Bettina Wegner, Elsa-Brändström-Straße 18
⓴ Kommune 1 Ost, Samariterstraße 36
㉑ Wohnung von Ingeborg Hunzinger, Fürstenwalder Allee 12
㉒ Ehem. sowjetische Botschaft, Unter den Linden 63–65
㉓ Landgericht Berlin, Tegeler Weg 17–21
㉔ Ehem. Kongresshalle, John-Foster-Dulles-Allee 10
㉕ Wieland-Kommune, Wielandstraße 13
㉖ Jüdisches Gemeindehaus, Fasanenstraße 79–80
㉗ Deutsches Zentralinstitut für soziale Fragen, Miquelstraße 83

Lichtenberg

Neukölln

Treptow-
Köpenick

Friedrichshain-Kreuzberg

85

INTERVIEWS

Toni Krahl (re.) mit den anderen Mitgliedern der Rockgruppe City, 1978

INTERVIEW MIT TONI KRAHL

14. JUNI 2017 IM SCHWARZEN CAFÉ, CHARLOTTENBURG

Toni Krahl beteiligte sich anlässlich der Intervention der Warschauer Paktstaaten in die ČSSR im August 1968 an der Organisation einer »Schweigedemonstration« vor der sowjetischen Botschaft in Ost-Berlin. Dafür wurde er verhaftet und wegen »staatsfeindlicher Hetze« verurteilt. Nach seiner »Bewährung mit Arbeitsplatzbindung« betätigte sich Toni Krahl als Musiker und wurde 1975 Sänger der Band *City*.

* * *

Ingo Juchler: Herr Krahl, ich würde gerne, bevor wir auf die 68er-Bewegung zu sprechen kommen, etwas über ihren familiären Hintergrund erfahren. Welche politische Haltung vertraten Ihre Eltern?

Toni Krahl: Also die Beeinflussung war natürlich sehr groß und von meinen Eltern gewollt. Meine Eltern waren beide Kommunisten und das bereits bevor es die DDR gab. Beide hatten einen jüdischen familiären Hintergrund und waren Teil der Emigration, hatten also Deutschland verlassen. Meine Mutter ging noch in sehr jungen Jahren mit ihrer Familie nach Prag. Mein Vater war bereits in Deutschland als Teil einer Widerstandsgruppe um Herbert Baum aktiv gewesen, war mit ihm sehr gut befreundet und stark durch ihn beeinflusst. Nach einem Zuchthaus-Aufenthalt in Brandenburg ist er nach Prag emigriert und hat dort meine Mutter kennengelernt. Als dann Prag besetzt wurde, sind sie nach England emigriert und haben dort geheiratet. Ziemlich frühzeitig nach Kriegsende sind sie dann zurück nach Deutschland gegangen. Direkt nach Berlin, haben erst in West-Berlin gelebt, mein Vater arbeitete aber in Ost-Berlin bei verschiedenen Verlagen. Dann wurde die DDR gegründet, ich bin auf die Welt gekommen, vier Tage vorher. Meine Eltern verstanden sich in erster Linie als Kommunisten und nicht als Juden. Das war eher der familiäre Hintergrund, vom Glauben her waren sie Atheisten. Mein Vater hatte zwar noch Hebräisch gelernt, konnte auch Hebräisch sprechen, das hat die Familie aber nicht geprägt. Im Gegenteil: Es wurde in unserer Familie eigentlich unter den Teppich gekehrt.

Weil man in der DDR nicht gerne darüber sprach?

Es hatte zwei Gründe: Erstens gab es eine permanente imaginäre Angst, dass der Antisemitismus wieder hochkommen würde. Zweitens der entsetzliche Schmerz, der mit dem Verlust der Familienangehörigen verbunden war. Deshalb wurde das Thema eigentlich komplett vermieden. Dazu kommt, das vermute ich jedoch nur, dass meine Eltern selbst den eigenen Leuten nicht ganz getraut haben, da sie trotz SED-Mitgliedschaft als West-Immigranten nicht hoch im Kurs standen.

Obwohl er in der Widerstandsgruppe von Herbert Baum aktiv war?

Auch bei der Baum-Widerstandsgruppe wurde in der DDR das Jüdische nicht herausgestellt.

Sie sind also in einer kommunistischen Familie groß geworden.

Ja. Zutiefst antifaschistisch, das war das Allerwichtigste. Da war mein Vater auch gnadenlos hinsichtlich Äußerungen und Ansichten. Das war bei meiner Mutter auch so. Faschisten galten als absolute Todfeinde. »Tod dem Faschismus!«

Und Sie haben das übernommen?

Ja, wenn auch nicht so radikal, das ist für mich auch die Grenze. Ich weiß, dass es heute wieder Faschisten gibt. Mir ist klar, dass das viel mit fehlender Bildung zu tun hat oder auch mit Benachteiligung, dem Getretenwerden – und trotzdem ist da für mich auch die Grenze.

Wie haben Sie den Prager Frühling wahrgenommen, bevor es zur Intervention kam?

Ja, fangen wir aber vielleicht kurz vor dem Prager Frühling an. Ich war, so im Jahr '66, vielleicht durch meine Jugend, meine Offenheit, neugierig auf Alternativen zu dem, was meine Eltern, die Schule oder der pädagogische Rahmen, den es so gab, mir geboten haben. Dann habe ich nach Alternativen gesucht, nicht allein, sondern mit meinem Freundeskreis. Es gab eine absolute Aufbruchsstimmung. Das Ganze schwappte natürlich auch vom Westen herüber. Kommune I ... was es da alles gab. Das hat mich sehr interessiert, war ich doch immer etwas verbunden mit dem Hippie-sein, dem Suchen von Alternativen, dem Anders-sein. Da spielte die Musik schon eine besondere Rolle, da die Musik, die wir mochten, die aufkeimende Beatmusik, die auch viel mit Haltung zu diesem Zeitpunkt zu tun hatte, eine Message hatte. Nicht nur John Lennon. Da waren Bob Dylan, aber auch Folk-Musiker wie Pete Seeger.

Dazu kamen Bücher, die in der DDR nicht erschienen sind, die wir uns ausgetauscht haben, teilweise mit Hand abgeschrieben. *Die Drahtharfe* etwa von Biermann hat man abgeschrieben. George Orwell ...

War Orwell in der DDR erhältlich?
Nein, der war verboten, sowohl *1984* als auch *Farm der Tiere*.

Und der Prager Frühling?
Als es losging, waren wir, ein paar Freunde und ich, mehrere Male da und bemerkten, dass Prag offener wurde. Es herrschte eine andere Atmosphäre und erst recht im Vergleich zu Ost-Berlin. Dadurch, dass man in Prag schon Leute getroffen hatte aus aller Herrgott Länder, aus Polen oder Portugal – und alle sahen sie aus wie ich selber! Wir hatten ja so eine Art Uniform: Jeans, lange Haare als Parteiabzeichen und unterschieden uns nur in dem, von wo wir kamen. Es gab Schallplatten zu kaufen von den *Beatles*, von *Pink Floyd*, den *Stones*, *Bob Dylan*. Es gab Zeitschriften an den Kiosken, von denen wir in der DDR geträumt hatten. Nichts Aufmüpfiges, es waren einfach ein paar Musikzeitschriften mehr. Und wenn wir dann zurückkamen, fühlten wir uns immer wie in einem grauen Kasten, wo keiner muckt, wo das Bunte fehlt, das bunte Leben. In Prag war ja auch nicht mehr los. Die Stadt war heruntergekommen, sah nicht schöner aus und es gab auch keine Leuchtreklame ... es war halt einfach ein Lebensgefühl.

Das war '68, und dann habe ich schon in den Zeitungen *Junge Welt*, *Berliner Zeitung* und auch im *Neuen Deutschland* gelesen, wie die DDR-Presse damit umgegangen ist. Das war eigentlich gehetzt: Es gab den Begriff *Fake News* noch nicht, aber es wurde so gehetzt und diffamiert. Das hat mich wütend gemacht! Ich wusste, dass es nicht stimmt! Als ich am Morgen des 21. August dann vom Einmarsch der Warschauer Paktstaaten erfahren habe, bin ich sofort zu einem Freund, dann zum nächsten und wir haben diskutiert:»Das gibt's doch nicht!«, »Das kann doch nicht sein, dass das in unserem Namen passiert und man dort einfach einmarschiert!« Da haben wir beschlossen kundzutun, dass das nicht in unserem Sinne ist. Und waren fest davon überzeugt, dass es nicht nur rechtens ist und unsere Pflicht, sondern dass es auch sein darf. Eigentlich war unser Verhalten ein Kompliment an die DDR, das sie nicht angenommen haben ...

... weil Sie sozusagen einen Vertrauensvorschuss gegeben hatten?
Ja, ich hab denen vertraut, dass ich meine Meinung sagen darf, und mir war völlig klar, dass die nicht gern gehört wird, aber man »wird das ja mal sagen dürfen«. Wir hatten beschlossen, das kundzutun, und haben überlegt, was wir hätten machen können. In der Zwischenzeit bin ich in Berlin herumgefahren, zur Mokka-Milch-Eisbar, das war so ein Jugendtreffpunkt in der Karl-Marx-Allee, ein beliebter Treffpunkt. Es hatte bereits Verhaftungen gegeben, das hat uns aber nur noch mehr angespornt, etwas zu tun. Und da sind wir dann als erstes in die tschechoslowakische Botschaft gegangen, die war in der Schönhauser Allee, um dort eine Art Solidaritätsbekundung zu zeigen.

Wie viele Leute waren daran beteiligt?
Wir waren zu dritt. Davor standen Polizisten und wir sind einfach reinmarschiert. Wir sind von einem Sekretär empfangen worden und haben ihm erklärt, was wir wollen. Er hat uns ein paar Kopien gegeben von einem »illegalen Parteitag« der tschechoslowakischen KP. Wir haben das kämpferisch in die Hand genommen, aber natürlich nicht gelesen. Wir wollten ja eher protestieren. Sind dann dort rausgegangen und waren nicht so richtig zufrieden mit dem Ergebnis unseres Protests.

Wir sind danach wieder nach Hause zu mir nach Schöneweide. Wir fragten uns, was man jetzt machen sollte, und entschieden uns für eine Kundgebung vor der sowjetischen Botschaft. Eine Schweigekundgebung, zwangsläufig, da wir keinen Redner hatten. Inzwischen waren wir schon zu viert ... Und dazu haben wir uns einen Termin ausgedacht, den 24. August, 16 Uhr, und haben kleine Zettelchen vorbereitet. Da standen der Termin drauf und der Ort, die haben wir dann verteilt in Jugendclubs, überall, wo sich junge Leute getroffen haben. Es waren ja Schulferien. Wir hatten gehofft, es spreche sich rum auf diese Weise, haben vom Äußeren her Leute ausgewählt, von denen wir dachten, es seien Gleichgesinnte.

Dann sind wir am 24. August dort hingezogen. Auf den Mittelstreifen der Straße Unter den Linden, hatten natürlich gehofft, dass da Hunderte kommen, vielleicht auch noch mehr, und standen dann dort zu viert und sahen von Weitem welche, von denen wir dachten, dass könnten welche von uns sein. Das waren insgesamt 60 bis 65 Leute, alle aber nur in kleinen Grüppchen stehend. Viele hatten am Revers ein kleines tschechoslowakisches Fähnchen aufgemalt, wir auch. Und dann gab es auch kleine Dreier- und Vierergrüppchen, die hatten aber einen ordentlichen Kurzhaarschnitt, am Handgelenk eine Art Regenschirm, der eigentlich ein Schlagstock war. Zahlenmäßig waren das ungefähr genauso viele wie wir. Alles beäugte sich misstrauisch und spannungsgeladen. Dann kamen plötzlich zwei Mannschaftswagen uniformierter Polizei mit je zwölf Polizisten oder so. Die sind ausgestiegen, und das war das Zeichen dafür, dass jetzt der Zugriff beginnt. Uns war klar: »Das Ding ist aufgeflogen und kommt nicht zustande. Wir werden uns jetzt mal verkrümeln.« Sind dann erst mal in Richtung Alex, die anderen jungen Männer hinter uns her. Wir sind dann gerannt, dann rannten die anderen auch, wir rannten schneller und die anderen sind auch schneller gerannt. Im Endeffekt konnte kein Zugriff stattfinden. Das war's eigentlich: eine missglückte Schweigekundgebung vor der sowjetischen Botschaft.

Inzwischen hatte man von noch mehr Verhaftungen gehört, alles wegen Nichtigkeiten. Da waren kleinere Flugblattaktionen, irgendjemand hat ein Laken rausgehängt mit Solidaritätsbekundungen für

Prag ... Daraufhin haben wir erst mal den Kopf eingezogen, der Dinge geharrt, die da kommen – und es kam ...

Am 12. September bekamen wir eine Vorladung ins Polizeipräsidium in der Keibelstraße »zur Klärung eines Sachverhaltes«. Die hatten uns natürlich kräftig fotografiert dort Unter den Linden. Dann sind wir also am 13. September früh hin zur ersten Vernehmung, und ich war relativ freimütig. Ich hatte ja auch zu meiner Meinung stehen können, habe das eher wahrgenommen wie einen Diskussionsclub. Man war dort aber auch sehr freundlich, muss ich sagen. Sie haben gefragt, ob ich das auf den Fotos sei und was ich dort gemacht hätte. Dann ging es immer darum, wer mich beziehungsweise uns angeleitet hat. Es ging denen darum, ob wir möglicherweise aus West-Berlin oder von erwachseneren Leuten angeleitet wurden. Auch ob mein Vater uns angeleitet hat, dem hatten sie also auch misstraut. Um 23 Uhr wurde mir dann der Haftbefehl vorgelegt. Ich wurde überführt in ein Gebäude in der Kissingenstraße. Das war ein Untersuchungsgefängnis, nicht so groß wie das in Hohenschönhausen. Mitternacht wurden dann die Zellen geschlossen, und ab dem nächsten Tag für fast sechs Wochen, also bis Ende Oktober, täglich Vernehmungen. Meist vormittags und nachmittags.

Sie wurden immer weiter befragt?

Immer wieder dasselbe! Die wichtigste Frage, die sie klären wollten, was mich auch beleidigt und verärgert hat, dass sie mir das nicht zugetraut haben: Sie wollten wissen, wer uns angeleitet hat. Und wie sich dann nachträglich herausstellte, wurden meine drei Kumpels ebenfalls verhaftet. Ich habe meinen Prozess allein bekommen, die anderen zu dritt. Also ich allein, als Rädelsführer. Offenbar war das so, dass wenn wir nicht angeleitet wurden, dann war ich der Anleiter. Dann hatte man über Hörensagen von den ersten Urteilen gehört, teilweise per Klopfzeichen. Der eine hatte ein Jahr und sechs Monate gekriegt, der andere ein Jahr und drei Monate und die Höchststrafe, die überhaupt ausgesprochen wurde in diesem Zusammenhang, waren drei Jahre, und die habe ich bekommen.

Wegen?

Wegen »staatsfeindlicher Hetze«. Das ist § 106 gewesen. Ende November war der Prozess, bis dahin war ich in Einzelhaft. Kurz vor Weihnachten wurde ich dann entlassen – Bewährung mit Arbeitsplatzbindung. Schule durfte ich nicht weitermachen. War vom Abitur ausgeschlossen und durfte mich in der sozialistischen Produktion bewähren. Hurra! Die größte Strafe habe nicht ich bekommen, sondern mein Vater. Mein Vater war beim *Neuen Deutschland* in der Abteilung Außenpolitik. Der wurde von dem Tage an, als ich verhaftet wurde, beurlaubt. Sie haben ihn in der Anfangszeit alle paar Tage einbestellt, in die Parteigruppe, in die Gewerkschaft oder zum Vorgesetzten, um sich Asche aufs Haupt zu streuen, sich zu rechtfertigen, beziehungsweise Stellung zu nehmen. Das ist sehr erniedrigend gewesen. Dadurch, dass mein Vater aber anerkannter Kämpfer gegen den Faschismus war, Verfolgter des Naziregimes, Mitglied der Partei schon bevor es die DDR gab, also im kommunistischen Jugendverband, hat man ihn »nur« bestraft, indem man ihn beurlaubt hat. Er hat sein Gehalt weiter bezogen und das zwei Jahre lang bis zum Ende der Bewährung. Dann gab es an der Spitze des *Neuen Deutschland* einen Wechsel, und mein Vater durfte wieder arbeiten. Allerdings nicht mehr in der Redaktion, sondern im Archiv. Da hat er dann abgeheftet, was die anderen geschrieben haben. Bis zum Eintritt ins Rentenalter.

Sie haben für Ihren Protest eine Ehrung erhalten …

Ja, einen Orden habe ich gekriegt. Benannt nach dem ersten tschechoslowakischen Ministerpräsidenten Karel Kramar. Verliehen 2008 vom tschechischen Ministerpräsidenten Mirek Topolánek für die Solidaritätsbekundungen vor 40 Jahren. Das ist der höchste Orden, den Tschechien an Ausländer verleiht. Aus ziemlich jedem Ostblock-Land wurden ein bis zwei Leute geehrt, die gegen den Einmarsch 1968 protestiert hatten. Und ich hatte gemerkt, dass ich noch sehr glimpflich davongekommen war im Vergleich zu den Russen, die teilweise zehn Jahre lang weg waren. Da hab ich in der DDR doch Schwein gehabt.

Vielen Dank für das Gespräch!

Knut Nevermann, Dezember 1967

INTERVIEW MIT KNUT NEVERMANN

22. JUNI 2017 IM WOHNCAFÉ ZIMT & ZUCKER, WILMERSDORF

Dr. Knut Nevermann war AStA-Vorsitzender der FU Berlin, Gründungsmitglied des Republikanischen Clubs und engagierte sich in der Studentenbewegung in West-Berlin. Nach Abschluss seines Studiums war er u. a. Mitarbeiter des Max-Planck-Instituts für Bildungsforschung in Berlin, betätigte sich in zahlreichen politischen Ämtern und war von 2010 bis 2014 Staatssekretär für Wissenschaft in der Berliner Senatsverwaltung für Bildung, Wissenschaft und Forschung.

* * *

Ingo Juchler: Herr Nevermann, ich würde Sie gerne zunächst zu Ihrem elterlichen Hintergrund befragen und zur politischen Haltung, die Sie vom Elternhaus mitbekommen haben.

Knut Nevermann: Also ich bin in einem sozialdemokratischen Elternhaus großgeworden. Mein Vater war schon vor 1933 Sozialdemokrat, war auch eher linker Sozialdemokrat und hatte Sachen veröffentlicht, die mir später viel Spaß gemacht haben. Schon meine Groß- und Ur-Großeltern waren Sozialdemokraten gewesen. Meine Mutter war auch Sozialdemokratin, ebenfalls aus einem sozialdemokratischen Elternhaus. Ich habe zwei ältere Geschwister. Zum einen meinen älteren Bruder, der war schon bei den Jungsozialisten. Später wurde er Bürgermeister von Pinneberg für die SPD. Zum anderen meine Schwester, Anke Fuchs, sie war bei der IG Metall, dann in der Regierung Helmut Schmidts Ministerin, später Bundestagsabgeordnete und Vizepräsidentin des Deutschen Bundestages. Wir sind also eine lückenlos sozialdemokratische Familie. Als Kind und Jugendlicher war ich bei den *Falken* – Sozialistische Jugend Deutschlands und im zarten Alter von zwölf Jahren der Präsident des Hamburger *Falken*-Parlaments. Mit 21 Jahren trat ich dann in die SPD ein. Das war damals noch Opposition, in der Adenauer-Zeit, da war die SPD noch etwas anderes.

Ich kam also aus einem politischen Elternhaus und wollte das auch machen, bin dann neben privaten auch aus politischen Gründen nach Berlin gezogen. Da war politisch mehr los, da war es interessanter. Ich war damals schon verheiratet, ganz jung mit 21 Jahren. Und dann haben wir beschlossen, da wir so wenige in Berlin kannten, dass wir mal fürs Studentenparlament der FU kandidieren. Meine Frau und ich haben dann also kandidiert. Ich bei den Juristen, sie bei den Soziologen. Das war im Herbst '65. Im Februar '66 wurde ich dann sogar zum AStA-Vorsitzenden gewählt.

Wie war denn 1965/66 die Stimmung in West-Berlin? Wirkte der Besuch von John F. Kennedy 1963 noch nach? Er war ja damals an der FU begeistert empfangen worden.

Das hat ganz sicher auch etwas zu tun mit Jugend und neuer Politik, ganz anders als wir mit unserem Konrad Adenauer oder Ludwig Erhard, das war ja alles fürchterlich. Auch mit Kurt Georg Kiesinger. Also das Jugendliche an Kennedy hatte uns angesprochen und dafür waren die Studenten voller Bewunderung. Eine der ersten wirklich großen Aktionen, das ist interessant, war eine Demonstration im Dezember 1964 gegen Moise Tshombé. Da haben die Leute um Rudi Dutschke wirklich etwas in Gang gesetzt – das Thema Dritte Welt war plötzlich aktuell. Dann kam der Vietnamkrieg. Vietnam, das darf man einfach nicht vergessen, war ein hoch moralisches Thema für uns. Warum führt Amerika Krieg? Wieso keine Selbstbestimmung? Das war das Eine. Das Andere war, dass es auch ein internationales Thema war, was man ja auch mitbekam. Und wir, die Studenten, waren damals die Einzigen, die gegen den amerikanischen Krieg in Vietnam protestiert haben. Alle Zeitungen, alle Regierungen, alle Parteien haben den Krieg unterstützt. Unser Protest begann '66 mit den berühmten Eiern am Amerika Haus. Im Nachhinein ist mir das nie klargeworden: wir provozierten da natürlich, aber Amerika war für uns ja auch die Befreiungsmacht. Befreiung von den Nazis, aber auch von den Kommunisten. Mit Kommunisten hatten wir übrigens kaum etwas am Hut. Das war eine ganz kleine Gruppe.

Dann kam die ungeheure Hetzerei der Springer-Presse gegen uns – »kleine radikale Minderheit soll man rausschmeißen« und so weiter, was nach dem 2. Juni natürlich noch weiter eskalierte. Wir waren auch die Ersten, die gegenüber der Presse zum Ausdruck brachten, dass das so nicht weitergehen könne. Dann kamen die Große Koalition und die Notstandsgesetze. Das war schon ein breiteres Spektrum, da waren dann auch Gewerkschaften dabei.

Spielte die Vergangenheit der Vätergeneration in West-Berlin eine Rolle?

Ja, das sorgte für viel Aufregung. Dann kam Kiesinger als Kanzler und noch weitere Dinge. Also das war ein großes Thema. Jetzt wird oft behauptet, dass die Auseinandersetzung mit der NS-Zeit in den Familien von uns Studenten eine Rolle spielte. Das ist zum Teil richtig. Und Untersuchungen zeigten, dass es tatsächlich Elternhäuser gab, in denen eine sehr traditionelle, vom Nationalsozialismus bestimmte Art eine Rolle spielte. Das war ein moralisches Thema, das sich in meinem Milieu festgesetzt hat, dass wir Kontakt haben wollten zu den Studenten in Israel. Wir waren pro Israel! Ich bin dann 1966 nach Israel gefahren. Wir wollten mit israelischen Studenten in Beziehung treten. Die Studenten, die wir dort trafen, hatten aber noch die Einstellung: »Wir wollen nichts mit Deutschen zu tun haben!«. Sie hatten Schulbücher, da war Deutschland ein weißer Fleck auf der Karte. Keine Städte, gar nichts! Das war ganz hart.

Nochmal zurück nach West-Berlin. Was wurde damals von den Studenten gelesen?

Also belletristisch hatte ich damals eine Thomas-Mann-Phase. Dann wurde natürlich viel Politisches gelesen: Herbert Marcuse rauf und runter, von Jürgen Habermas *Strukturwandel der Öffentlichkeit*, Texte von Che Guevara, Frantz Fanon ... Und da saß man zusammen und hat auch darüber diskutiert. Es gab sogar Mütter, die mit ihren Neugeborenen zu diesen Abenden kamen, um mitdiskutieren zu können. Also wir haben schon sehr viele Bücher gelesen. Auch Camus und

Sartre. Letzterer war ja auch in der KPF, das war für uns nicht so attraktiv. Auch Heinrich Böll und Günter Grass wurden gelesen ...

Am 2. Juni 1967 wurde dann Benno Ohnesorg erschossen ...
Ich war damals nicht vor der Oper. Ich war am Vorabend bei einem Vortrag von Bahman Nirumand über Persien. Als ich abends am 2. Juni dann im Radio hörte, was passiert war, bin ich zum AStA der FU gefahren. Das war gut, weil zig andere Leute auch kamen und berichteten. Da wussten wir nicht genau, was passiert ist. Nur, dass Benno Ohnesorg tot war. Dann haben wir gehört, wie der Regierende Bürgermeister Heinrich Albertz hat verkünden lassen, die Geduld der Stadt sei am Ende, die Studenten seien Schuld und damit müsse jetzt Schluss sein. Wir konnten nicht verstehen, wie Albertz so danebenliegen konnte, hatten Tränen in den Augen und waren wirklich fassungslos. Das war polizeilich der größte Quatsch aller Zeiten. Und dann sogar mit einem Toten und vielen Verletzten. Man sagte ja, es sei ein Stein schon vor Beginn der Oper geflogen, andere bestreiten das. Das spielte aber keine große Rolle. Erst als die Polizei angegriffen hat, da wurde es rabiat. Bis heute völlig unverständlich. Dann ließ Christa Ohnesorg mir mitteilen, dass ihr Mann mit Rudi Dutschke nicht so viel anfangen konnte und deshalb ich die Trauerrede auf Benno Ohnesorg halten sollte.
Wie ging es dann aber weiter? Das war die große Frage. Ich war überrascht, dass plötzlich alle die Kritische Universität wieder im Sinn hatten. Dazu waren schon im Frühjahr erste Ideen diskutiert worden. Nach dem 2. Juni dann ganz vehement. Es wurden zunächst Arbeitsgruppen und dann im November '67 die KU gegründet. Man wollte also zurück auf den Campus, um Projekte zu planen. Dabei sollte es im Kern darum gehen, politische Aktionen inhaltlich, aber auch strategisch vorzubereiten. Der Vietnam-Kongress 1968 zum Beispiel war ein Projekt, das die KU mitorganisiert hat. Das Springer-Tribunal, das man eigentlich machen wollte, platzte leider, da plötzlich viele kleine Zeitungskioske zerstört wurden.

Welche Rolle spielte in diesem Zusammenhang der Film von Holger Meins?
Ja, der wurde an der TU gezeigt. Da war eben klar, dass es jetzt eine Gruppe gab, die überzogen. Da wurde ja schon mit Molotow-Cocktails geworfen ... Es gab Geldgeber wie Augstein, die das Springer-Tribunal fördern wollten. Diese Geldgeber zogen sich dann zurück.

Wie haben Sie den Vietnamkrieg wahrgenommen?
Es gab an verschiedenen Orten bereits größere Demonstrationen. Dann kam der Höhepunkt mit dem Vietnam-Kongress im Februar 1968, der vom SDS um Rudi Dutschke und ein wenig von der KU vorbereitet worden war. Es gibt die Geschichte, dass Giangiacomo Feltrinelli zum Kongress kam und Bomben mitbrachte ... Ich bin da gewesen und war entsetzt. Es hatte so eine schweißtreibende Dynamik: Als ob die Teilnehmer des Kongresses in einer anderen Welt lebten! Sie glaubten wirklich, sie könnten hier etwas Revolutionäres, zumindest etwas die Revolution Unterstützendes machen! Die glaubten, sie könnten zu den amerikanischen Kasernen hier in Berlin gehen und dort zu den schwarzen GIs sagen: »Wir holen euch da raus.« Aber so weit war man! Einige glaubten, sie machen jetzt etwas Verbotenes – und das waren ja 15 000 Leute damals – und sie wollten sich eine riesige Schlacht mit der Polizei liefern. Das am 2. Juni war noch nichts dagegen. Ich fand, dass da die Realität von Rudi Dutschke sozusagen ausgerastet war. Er war soweit verbal aufgerüstet, dass er eigentlich nur noch zur Waffe greifen konnte. Das wollte er dann ernsthaft nicht ...

Er hatte viel Che Guevara gelesen und übersetzt, und er entwickelte daraus einen Voluntarismus ...
Die Welt als Wille und Vorstellung ... Schon in der Auseinandersetzung mit Habermas 1967 hatte er in einer Form von Voluntarismus geredet, dass man sagen wollte: Junge, wie kannst du so etwas sagen ... Wobei er einen ganz klugen Gedanken hatte: Er verstand den Begriff der autoritären Persönlichkeit von Theodor Adorno richtig. Max Horkheimer und Adorno wollten nämlich prüfen: Warum kamen die Nazis an die Macht und warum gab es nicht stattdessen eine Revolution? Wie kam es dazu? Denn dieser autoritäre Charakter, der in den Familien,

in den Institutionen anerzogen worden ist, hat mit dazu geführt, dass das Individuum sich nicht selber autoritär geriert, aber dazu bereit ist, sich anderen Autoritäten anzupassen. Das Autoritäre in einem selber führt dazu, dass man Beugungsbereitschaft zeigt und irgendwelchen Führern folgt, den Nationalsozialisten oder auch anderen. Und da hat Dutschke den sehr klugen Gedanken gehabt – er gehörte ja zum antiautoritären Flügel des SDS –, dass antiautoritär nicht nur heißt, dass wir gegen andere Autoritäten sind, sondern dass wir auch gegen den Autoritarismus in uns selber sind. Da hatte Dutschke die Frankfurter Schule, Adorno und Horkheimer, schon richtig verstanden. Aber sein militanter Voluntarismus blieb mir unverständlich ...

Schließlich zerbröselte die Studentenbewegung, auch weil das Gewaltthema zentral wurde. Das hat schon bei den Osterunruhen nach dem Attentat auf Rudi Dutschke eine Rolle gespielt – die Frage: Wie weit darf man da gehen?

Auf die Gewaltfrage werden wir gleich zurückkommen. Zuvor würde ich gerne über den Einmarsch der Warschauer Paktstaaten in die ČSSR *sprechen.*

Ich war '68 in Prag. Also wir fuhren dann da hin, Rudi Dutschke war zuvor auch in Prag gewesen, und wir sprachen mit den Studenten. Wir wollten wissen, wie die so ticken und was denn eigentlich heißt *Sozialismus mit menschlichem Antlitz*. Das war für uns eine große Frage. Wir waren gespannt, ob sie auf einer sozialistischen ökonomischen Basis eine anständige Demokratie hinkriegen. Das wäre wunderbar gewesen. Als dann der Einmarsch kam, entpuppte sich das als Utopie und es gab wieder nichts, wo man hätte sagen können, das wäre top. Daraus entwickelte sich eine richtige Depression. Das war dann auch ein Grund, warum sich viele Ende '68 zurück an ihr Studium machten. Also erst war Paris weg, dann Prag, dann kam hier die Gewaltgeschichte ...

Die Schlacht am Tegeler Weg ...

Da ist mir eine Sache nicht klar: Es wird behauptet, es sei ein großer Lastwagen mit Pflastersteinen abgeladen worden. Ob das stimmt, weiß ich nicht. Ich glaube nicht, denn auf dem Weg lagen schon genügend herum. Aber was da tatsächlich war, war folgendes: Die haben einfach irgendwelche Steine genommen, mit Rockern übrigens dabei, das ist erwiesen, also mit Neuen, die Straßenkampf aus völlig anderen Motiven machen. Sind dann auf die Polizei los, haben auf die eingedroschen und sind dann durchgebrochen zum Landgericht, wo ja der Prozess gegen Horst Mahler stattfand. Dann kam mehr Polizei und wir haben was zurückgekriegt.

Dann kam es wieder zu einem Treffen an der TU. Das werde ich nie vergessen, denn Christian Semler stellte sich da hin und sagte: »Zum ersten Mal in der Geschichte haben wir die Polizei in die Flucht geschlagen! Das ist die neue Qualität der Gewalt! Wir müssen jetzt die Macht übernehmen!« Dann sind wir in den Republikanischen Club gegangen und dort haben wir gesagt: »Jetzt ist Schluss, da machen wir nicht mehr mit.« Wir haben uns immer solidarisch gezeigt, auch bei Aktionen, die wir selbst doof fanden, haben damit auch unseren Ruf geschädigt, aber damit ist jetzt Schluss. Wer so redet, der hat mit links nichts zu tun. Das war reine Gewalt, reiner Unsinn. Was kann der arme Polizist dafür, dass er gerade Dienst hat? Das ist ein Arbeitnehmer, ein Lohnabhängiger, wie wir alle später sein werden. Einfach absurd. Wir machen nicht mehr mit. Das war schon eine Mehrheitsmeinung – die spinnen. Wenn man so will, war das eine Folge des Vietnam-Kongresses, wo man sich bereits verbal so aufgerüstet hatte. Es war wirklich furchtbar. Ich hab dann für mich beschlossen: »Tschüss, ich mach dann mein Studium zu Ende.« Ich hatte ja zwei Jahre etwas anderes gemacht. Man konnte sich richtig beurlauben lassen, das war richtig nett damals.

Dann kamen die Haschrebellen um die Wieland-Kommune …

Das war der Flower-Power-Teil, der dann dominanter wurde, weil der Rest der Studentenbewegung sich verflüssigte. Viele Leute, die in den Terrorismus abdrifteten, waren zuvor Opfer eines Polizeieinsatzes gewesen. Das darf man nicht vergessen. Die Polizisten haben damals Hausdurchsuchungen gemacht, alles umgeschmissen. Und dann haben ein paar Leute gesagt: So, jetzt ist wirklich Schluss! Das war wirklich verrückt. Das waren dann Sympathisanten der Bewegung 2. Juni …

Wie würden Sie das Erbe der Bewegung von 1968 beschreiben?
Also für mich ist wichtig, dass wir erstmals ab '66 eine akademische Jugend in Deutschland hatten, die links war. Das ist neu gewesen. Die Studenten waren davor immer rechts gewesen. Und dies haben sehr viele beobachtet – in den Medien, in den Verbänden, in den Kirchen, in den Verwaltungen – und gesagt: Oh, das ist eine spannende Geschichte, was die Studenten da machen. Das veränderte das politische Bewusstsein. Und das ist der eigentliche Effekt, dass nicht nur Studenten, nicht nur Lehrlinge und junge Leute, sondern auch Menschen, die schon in den Institutionen waren, sagten, bei den Themen Vietnamkrieg und Springer-Presse: Die Studenten haben ja im Grunde recht! Es hat sich also eine Bewusstseinsänderung ergeben, die sich nicht im Sinne von Rudi Dutschke so radikalisiert hatte, dass die Leute eine Revolution wollten. Wir waren aber davon überzeugt: Wir müssen etwas tun, Politik ist notwendig, wir müssen uns engagieren, bis hin zur sozialliberalen Koalition, Frauenbewegung, dann die GRÜNEN, die Anti-AKW-Bewegung. Es gab ja dann eine Zivilgesellschaft, die sich wirklich aufbäumte.

Vielen Dank für das Gespräch!

104

ANHANG

BILDNACHWEIS

ABKÜRZUNGEN

APO	Außerparlamentarische Opposition
AStA	Allgemeiner Studentenausschuss
Audimax	Auditorium maximum
BRD	Bundesrepublik Deutschland
B.Z.	Berliner Zeitung – Boulevardzeitung des Axel Springer-Verlags
CDU	Christlich Demokratische Union Deutschlands
ČSSR	Tschechoslowakische Sozialistische Republik
DDR	Deutsche Demokratische Republik
FNL	Front National de Libération
FU	Freie Universität
IG	Industriegewerkschaft Metall
KP	Kommunistische Partei
KPD/AO	Kommunistische Partei Deutschlands/Aufbauorganisation
KPF	Kommunistische Partei Frankreichs
KU	Kritische Universität
RAF	Rote Armee Fraktion
RC	Republikanischer Club
ROTZEG	Rote Zelle Germanistik
SDS	Sozialistischer Deutscher Studentenbund
SED	Sozialistische Einheitspartei Deutschlands
SHB	Sozialdemokratischer Hochschulbund
SNCC	Student Nonviolent Coordinating Committee
SPD	Sozialdemokratische Partei Deutschlands
Stasi	Ministerium für Staatssicherheit
ZK	Zentralkomitee

LITERATUR

Bahman, Nirumand: Persien, Modell eines Entwicklungslandes oder Die Diktatur der Freien Welt, Reinbek 1967.

Baumann, Bommi: Wie alles anfing, München 1982.

Berliner Kinderläden. Antiautoritäre Erziehung und sozialistischer Kampf, Köln 1970.

Biermann, Wolf: Warte nicht auf bessre Zeiten! Die Autobiographie, Berlin 2016.

Dutschke, Gretchen: Wir hatten ein barbarisches, schönes Leben. Rudi Dutschke. Eine Biographie, Köln 1996.

Fichter, Tilman/Lönnendonker, Siegward: Kleine Geschichte des SDS. Der Sozialistische Deutsche Studentenbund von 1946 bis zur Selbstauflösung, Berlin 1979.

FU Berlin 1948-1973. Hochschule im Umbruch. Teil V: Gewalt und Gegengewalt (1967–1969). Ausgewählt und dokumentiert von Siegward Lönnendonker, Tilman Fichter und Jochen Staadt unter Mitarbeit von Klaus Schroeder, Berlin 1983.

Henke, Klaus-Dietmar/Steinbach, Peter/Tuchel, Johannes (Hrsg.): Widerstand und Opposition in der DDR, Köln u. a. 1999.

Internationaler Vietnam-Kongress. Februar 1968 Westberlin. Herausgegeben vom SDS Westberlin und vom Internationalen Nachrichten- und Forschungsinstitut (INFI), Hamburg 1987.

Juchler, Ingo: Die Studentenbewegungen in den Vereinigten Staaten und der Bundesrepublik Deutschland der sechziger Jahre, Berlin 1996.

Kätzel, Ute: Die 68erinnen. Porträt einer rebellischen Frauengeneration, Königstein/Ts. 2008.

Kätzel, Ute: Kommune 1 Ost, in: Der Freitag, 20. Dezember 2002.

Klarsfeld, Beate: Die Geschichte des PG 2 633 930 Kiesinger. Dokumentation mit einem Vorwort von Heinrich Böll, Darmstadt 1969.

Klein, Thomas: SEW – Die Westberliner Einheitssozialisten. Eine »ostdeutsche« Partei als Stachel im Fleische der »Frontstadt«?, Berlin 2010.

Krampitz, Karsten: 1969 begannen junge Leute in Berlin-Friedrichshain ein Lebensexperiment, das bald zerbrach. Die Ost-Kommune, in: Berliner Zeitung, 26. Mai 2007.

Kraushaar, Wolfgang: Die Bombe im Jüdischen Gemeindehaus, Hamburg 2005.

Michels, Eckard: Schahbesuch 1967. Fanal für die Studentenbewegung, Berlin 2017.

Miermeister, Jürgen/Staadt, Jochen (Hrsg.): Provokationen. Die Studenten- und Jugendrevolte in ihren Flugblättern 1965–1971, Darmstadt/Neuwied 1980.

Reinders, Ralf/Fritzsch, Ronald: Die Bewegung 2. Juni. Gespräche über Haschrebellen, Lorenz-Entführung, Knast, Berlin 1995.

Reisner, Stefan (Hrsg.): Briefe an Rudi D., Frankfurt/M. 1968.

Sander, Helke: Die Entstehung der Kinderläden. In: http://www.helkesander.de/2008/01/die-entstehung-der-kinderlaeden/; Zugriff am 17. Juli 2017.

Schneider, Peter: Wer springt durch den Feuerring? In: Gerd Conradt: Starbuck Holger Meins. Ein Porträt als Zeitbild, Berlin 2001, S. 74–78.

Suschke, Stephan: Von den Frauen geliebt, von der Stasi überwacht und vom eigenen Vater angezeigt. Der Dichter Thomas Brasch und das Jahr 1968, in: Berliner Zeitung, 26. Januar 2008.

Timm, Uwe: Der Freund und der Fremde, Köln 2005.

Werder, Lutz von: Kinderläden. Versuch der Umwälzung der inneren Natur, in: Heiß und kalt. Die Jahre 1945-69, Berlin 1986, S. 561–564.

DER AUTOR

Ingo Juchler, geboren 1962 in Mannheim, studierte Politikwissenschaft, Germanistik, Geschichte und Erziehungswissenschaft an den Universitäten Trier und Marburg. Nach Lehrtätigkeiten an der PH Weingarten sowie den Universitäten Augsburg und Göttingen ist er seit 2010 Professor für Politische Bildung an der Universität Potsdam. Juchler beschäftigt sich intensiv mit der politischen Geschichte Berlins. Seit 2010 ist er Mitglied des Wissenschaftlichen Beirates der Bundeszentrale für politische Bildung.

DANKSAGUNG

Für ihre Gesprächsbereitschaft und ihre Darstellung der Ereignisse in Berlin 1968 aus der Akteursperspektive bin ich Franziska Groszer, Toni Krahl, Dr. Knut Nevermann, Prof. Dr. Hans Uszkoreit und Bettina Wegner sehr verbunden.

Dominic Léraillé (Universität Potsdam) danke ich für die Transkription der Interviews mit Toni Krahl und Dr. Knut Nevermann.

Ingo Juchler

PERSONENREGISTER

Adenauer, Konrad 98
Adorno, Theodor W. 14, 101–102
Albertz, Heinrich 34, 100
Augstein, Rudolf 100
Baader, Andreas 22, 25, 31, 82–83
Bachmann, Ingeborg 50
Bachmann, Josef 52
Baez, Joan 56
Baum, Herbert 89–90
Baumann, Michael »Bommi« 78, 80
Berthold, Erika 20–21, 64, 68–69, 70–71
Berthold, Lothar 68
Biermann, Wolf 18, 56–57, 63, 70, 91
Bloch, Ernst 50
Böll, Heinrich 77, 100
Brasch, Horst 64
Brasch, Thomas 56, 64–66, 70–71
Braun, Brigitte 13
Busch, Ernst 66
Camus, Albert 99
Castro, Fidel 68
Chomsky, Noam 50
Débray, Regis 78
Donovan 62
Dubček, Alexander 56, 60, 62, 64, 66
Dutschke, Rudi 17–21, 29, 30, 36–38, 42, 48–50, 52–56, 60, 70, 74–75, 98, 100–102, 104
Dylan, Bob 62, 91
Eich, Günter 50
Eisenhower, Dwight D. 10
Ensslin, Gudrun 22, 31, 82
Enzensberger, Hans Magnus 50
Erhard, Ludwig 29, 98

Fanon, Frantz 99
Fatemi, Hossein 32
Feltrinelli, Giangiacomo 101
Fichter, Albrecht 24, 78
Ford II, Henry 15
Fromm, Erich 14
Fuchs, Anke 97
Gollwitzer, Helmut 38, 50, 75
Grass, Günter 61, 100
Grigorowa, Juliane 64
Groszer, Franziska 20–22, 68
Groszer, Gert 20, 68
Guevara, Ernesto Che 12, 17, 25, 38–39, 51, 61, 68, 78, 99, 101
Habermas, Jürgen 98, 101
Hagen, Nina 63
Havel, Václav 61
Havemann, Florian 21 56, 64, 70
Havemann, Frank 20–21, 56, 62–63, 68, 70
Havemann, Robert 56–57, 70
Henze, Hans Werner 50
Hitler, Adolf 76
Ho Chi Minh 68
Horkheimer, Max 14, 101–102
Hrdlicka, Alfred 35
Huillet, Danièle 49
Hunzinger, Ingeborg 68, 70–71
Hunzinger, Rosita 63, 64, 70–71
Kennedy, John F. 9, 10, 98
Kiesinger, Kurt Georg 76–77, 98–99
Kirchheimer, Otto 14
Kirsch, Sarah 56
Klarsfeld, Beate 76–77
Krahl, Hans-Jürgen 45

Krahl, Toni 72–73, 88–95
Kramar, Karel 21, 73, 95
Krug, Manfred 56, 70
Kunzelmann, Dieter 21, 24, 30–31,
    52, 58, 70, 80
Kurras, Karl-Heinz 14, 34–35, 42
Langhans, Rainer 31, 68, 70
Lenin, Wladimir Iljitsch 57
Lennon, John 91
Lefèvre, Wolfgang 13
Lindenberg, Udo 56
Linke, Georg 82
Löwenthal, Leo 14
Lübke, Heinrich 34
Lumumba, Patrice 52
Luxemburg, Rosa 57–58
Mahler, Horst 24, 74–75, 82, 103
Mann, Thomas 99
Mao Zedong 68, 78
Marcuse, Herbert 12, 14, 15 36–38,
    50, 56, 68, 82, 99
Marx, Karl 57, 68
Maspero, François 50
Meinhof, Ulrike 25, 50, 82
Meins, Holger 18, 48–49, 101
Mozart, Wolfgang Amadeus 34
Müller, Heiner 70
Neumann, Franz 14
Nevermann, Knut 35, 96–104
Nirumand, Bahman 13, 100
Nitsch, Wolfgang 40
Novak, Helga M. 56
Ohnesorg, Benno 12–14, 16, 34–36,
    42, 100
Ohnesorg, Christa 13, 100
Orwell, George 91
Pahlavi, Farah 13, 32, 34
Pahlavi, Mohammad Reza 13, 32, 34
Proll, Thorwald 22, 82

Rabehl, Bernd 29–30, 52
Raddatz, Fritz J. 50
Rauch, Georg von 24, 78, 80
Reinders, Ralf 14
Salvatore, Gaston 17, 19, 50
Sander, Helke 44–45
Sartre, Jean-Paul 50, 100
Schily, Otto 78
Schirazi, Karimpour 32
Schmidt, Helmut 97
Schneider, Peter 48
Seeger, Pete 91
Semler, Christian 16, 103
Smith, Dale A. 19, 50
Söhnlein, Horst 22, 82
Springer, Axel 34, 42, 48–49, 54, 55,
    99, 100
Stalin, Josef 64, 66
Straub, Jean-Marie 49
Svoboda, Ludvík 60
Teufel, Fritz 14, 16, 31, 42–43, 58,
    68, 70
Topolánek, Mirek 21, 73, 95
Trotzki, Leo 57
Tshombé, Moise 52, 98
Urbach, Peter 54
Uszkoreit, Hans 56, 62–63, 70–71
Uszkoreit, Hans-Georg 62
Vaculík, Ludvík 61
Wagenbach, Klaus 50
Walser, Martin 50
Wegner, Bettina 66–67
Weigl, Sanda 64, 71
Weigl, Vladimir 64
Weisbecker, Thomas 24, 78
Weiss, Peter 50
Wilder, Billy 63
Wilhelmer, Bernhard 13